**잠깐 생각 좀 하고 가겠습니다**

그대를 다시 일으킬 인생성장문답

# 잠깐
# 생각 좀 하고
# 가겠습니다

노정아 지음

프롬북스
frombooks

이십 대에는 알 수 없었다. 지난 10년간 3,000명의 청년들을 현장에
서 만나면서 그들의 고민에 '공통분모'가 있다는 것을 알았다. 이 책
의 부제를 '그대를 다시 일으킬 인생성장문답'이라 지은 이유가 이
때문이다.

시대를 거슬러 가도 그 시대를 살았던 당시 청년들의 고민 역시
'인생성장문답'을 벗어나지 않는다는 사실이 놀랍다. 고민의 끝에는
물음표가 붙는다. 시대의 흐름과 함께 수없이 반복되어온 질문임에
도 불구하고 답을 찾지 못한 이유는 무엇일까?

질문만이 가득한 이 책이 바로 그 이유다. 인생은 '정답'이 아니라
'질문'으로만 성장 가능하기 때문이다.

1980년 이후에 태어난 청년들은 대한민국의 성장을 경험한 적이

없다. 불황의 시작점에 태어나 불황의 혹한기를 보내고 여전히 어둠의 터널 속을 걷고 있는 세대가 지금의 이삼십 대이다.

성장기에는 오히려 선택의 자유로움이 있었다. 공무원보다는 은행원이었고, 교사보다는 회사원이었다. 한국이 싫으면 중동으로 떠났고, 언제고 돌아와도 내 한 자리는 남아 있던, 그때는 그런 시절이었다. 그러나 지금은 여지가 없다. 태어나면서부터 제로섬 게임 앞에 선 사람들. 모두의 선택을 선택하는 것이 최선의 선택이 되어버린 시대. 질문이 사라진 시대.

이 시대의 청년들에게 필요한 것은 그동안 수없이 반복되어온 질문을 회복하는 것이라 믿는다.

이 책을 읽는 시간만이라도 '나는 누구인지', '관계란 무엇인지', 우리 인생에 '일이란 어떤 의미인지', 마지막으로 '어떻게 살아가야 하는지'에 대해 과거가 된 이십 대와 오늘을 살아가는 이십 대들의 '인생 성장문답'을 당당하게 대면하는 시간을 가졌으면 한다.

먼저, 이 책을 읽는 당신에게 묻는다.

'당신은 대체 누구인가?'

어느 봄의 입구에서<br>
스물을 앞서간 스물이

# 차례

프롤로그  4


## 1장 꿈에 관하여     9

*#1* 참치 써는 레슬러  *#2* 스물과 서른 사이
*#3* 정해지지 않아서 행복한 길  *#4* 디지털 노마드
*#5* 당신만 아픈 게 아닙니다  *#6* 보통의 존재로 산다는 것
*#7* 기회는 다시 온다  *#8* 당신만의 공간을 가지세요
*#9* 당신 잘못이 아니에요  *#10* 과거는 바꿀 수 있습니다
*#11* 당신은 배울 수 있습니까?  *#12* 정의란 무엇일까요?
*#13* 꿈은 용기 안에 있다


## 2장 관계에 관하여     55

*#1* 문제에는 반드시 해결의 열쇠가 있다  *#2* 기억의 방식
*#3* 너와 나, 수학처럼  *#4* 이기는 습관  *#5* 기적같이 다가온 밤
*#6* 타인의 시선이 머무르는 곳에서의 나
*#7* 관계  *#8* 레고를 처음 본 학생  *#9* 악착같은 그녀
*#10* 당신을 생각하는 사람이 있습니다  *#11* 스토커

## 3장 가치관에 관하여      101

*#1* 일을 대하는 자세   *#2* 성공의 반대말?

*#3* 나에게 맞는 일을 모르겠어요   *#4* 미소가 경쟁력이다

*#5* 대박 난 꼴찌   *#6* 워라밸 세대   *#7* JUST DO IT!

*#8* 노량진을 떠날 수 있을까   *#9* 비결은 시간을 쌓는 것

*#10* 시도하기 전까진 아무것도 알 수 없다   *#11* 당신의 선택은

*#12* 롤러코스터의 법칙   *#13* 당신의 '글쎄'


## 4장 내면에 관하여      143

*#1* 내게도 봄이 오면 좋겠다   *#2* 라오스에서의 세 달

*#3* 고요에 배움이 있다   *#4* 조건에는 답이 없다

*#5* 회사를 지우면 무엇이 남습니까?   *#6* 루저   *#7* 잘하는 게 없어요

*#8* 잔액이 부족합니다   *#9* 냉정과 열정 사이

*#10* 내가 정말 알아야 할 모든 것은 유치원에서 배웠다   *#11* 나는 딴따라

*#12* 재능보다 지속   *#13* 창살 없는 감옥, 인정중독


에필로그   190

# 1장

# 꿈에
# 관하여

# #1 참치 쓰는 레슬러

Question
Box

## 당신을 변화시키는
## 원동력은 무엇입니까?

그는 레슬러다. 서른 넘게 투기종목 중에서도 가장 격렬한 레슬링을
해왔다. 초등학교 시절부터 줄곧 운동만 해온 그에게 삶의 다른 선
택지는 없었다. 과거 시합 중에 당한 부상에 발목이 잡혀 서른을 넘
겨 현역에서 은퇴했고 그를 받아주겠다는 곳은 그 어디에도 없었다.
일자리를 찾다 술집을 봐주기도 했고, 해결사 역할도 했다. 타고난
힘과 험하게 생긴 얼굴과는 달리 천성적으로 착했던 그에게는 맞지
않는 일이었다.

  친구들이 직장에 들어가고, 결혼을 하고, 애를 낳아 부모가 될 때
에도 그는 혼자였고 여전히 방황 중이었다. 바이크를 구해 전국 일
주를 떠나겠다고 한 날부터 그와의 연락도 끊겼다. 어떻게 지내는지

잠깐 생각 좀 하고 가겠습니다

가끔 궁금하기도 했지만 내 코가 석자라 애들 키우고 돈 버는 일에 정신이 없었다. 그렇게 두 해가 훌쩍 지났다.

어느 날 퇴근길에 문자가 왔다.

"참치 써는 레슬러로 현역 복귀"

'참치?'

문자 한 통을 계기로 우린 삼 년 만에 다시 만났다. 그간 어떻게 지냈는지, 참치가게는 어떻게 시작하게 됐는지 궁금했다.

"여행을 마치고 돌아와도 도무지 뭘 하고 살아야 할지 몰라서 술을 마시다 깽판을 부렸어. 그놈의 주사가 문제지. 너도 알다시피 내가 할 줄 아는 게 뭐 있냐. 다음 날 아침에 일어났더니 전화가 여러 통 와 있더라. 내가 난리친 술집 주인이었어. 크게 실수했나 싶어서 사과도 할 겸 찾아갔거든. 그 가게가 참치집이었어. 가게 주인이 잔뜩 화가 났을 거라 생각했는데 일을 배워보지 않겠냐는 예상치도 못한 제안을 했어. 놀랐지. '참치'라니, 생각도 못한 일이었으니까. 잠시 고민은 했지만 당시에는 할 일이 없었으니 이거라도 해보자 싶었어. 그렇게 그분 밑에서 배운 게 삼 년이야. 삼 년 만에 내 가게를 차릴 수 있게 스승님이 도움을 주셨고."

사람 일은 정말 모른다. 그 거구가 가운을 입고 조심스럽게 참치를 썰고 있는 모습을 보니 신기하기도 했지만, 생선살에 비스듬히 날을 넣는 모습에서 전문가다운 기운이 느껴졌다.

"칼을 잡기까지 꼬박 6개월이 걸렸어. 처음에는 날 부려먹는다 생각했는데, 나중에 알게 됐어. 칼을 쥐는 사람의 마음자세를 배우라는 것이었지. 손기술보다, 마음을 능수능란하게 다룰 줄 아는 기술이 더욱 중요하단 걸 배웠어. 칼은 위험한 물건이니까. 운동과 방황을 하면서 거칠 대로 거칠어져 있던 내가 마음공부를 제대로 한 세월이었지."

그는 일을 하면서도 줄곧 미소를 잃지 않았다. 이제는 운동선수보다 '참치 써는 레슬러'라는 닉네임이 더 잘 어울렸다. '마음을 다루는 기술이라' 참 멋진 말이라 생각했다.

그날 저녁 친구가 내준 참치 한 접시에 소주를 두 병이나 비웠다. 평소 주량을 넘어섰지만 취하진 않았다. 기분이 '몹시' 좋아서 그랬나 보다. 멋지게 돌아와줘서 고맙다 친구야.

잠깐 생각 좀 하고 가겠습니다

"언제, 어디서, 무엇으로 시작하건
인생에 늦은 때란 없습니다.
하고자 하는 것을 시작했다면 이미 당신은
이룬 것입니다. 가장 중요한 것은 하고자 하
는 의지니까요."

# #2 스물과 서른 사이

> 나이 서른, 당신이 가져야 할
> 질문은 무엇입니까?

펜을 멈췄다.

'최종 학력' 고교중퇴가 내 학력의 종착점이다.

고등학교 시절 우연한 기회에 웨딩촬영 보조를 하며 처음으로 카메라를 접했다. 한 손에 쑥 들어오는 묵직함이 좋았다. '찰칵' 하는 셔터소리와 함께 탄생하는 순간의 기록을 내 손으로 남기는 것에 행복감을 느꼈다. 앵글을 통해 피사체의 눈동자를 들여다본다. 그들을 쳐다볼 때면 영혼 깊숙이 숨겨둔 그들의 은밀한 감정들이 읽힌다. 사진은 영혼을 찍어내는 일이다.

이미 사진은 나와 분리될 수 없는 것이 되어 있었다. 어머니에게 고등학교를 자퇴하겠다고 말씀드렸다. 집안은 한바탕 난리가 났고,

아버지에게는 생전 처음 따귀를 맞았다. 한 번도 부모님의 말을 어겨본 적이 없었지만 나는 이미 알고 있었다. 내 의지만 작용한 결정이 아니라는 것을. 결심을 바꿀 수 없다는 걸 인정하신 부모님은 6개월 만에 자퇴를 허락하셨다.

또래 친구들이 학교로 향하는 동안 내 어깨에는 카메라 가방이 들려 있었다. 스튜디오로 향하는 내 길에 불안보다는 설렘이 앞섰다.

나의 십 대는 쏜살같이 지나갔다. 막내로 시작해서 스튜디오의 주인이 되고 나니 나이는 서른을 바라보고 있었다. 스물과 서른 사이 필름사진에서 디지털사진으로 시대가 바뀌었고, 인쇄에서 전송으로, 소유에서 공유로 사진이라는 개념 자체가 바뀌었다. 직업에 따라 사람도 바뀐다고 했던가. 딱 봐도 난 사진작가였다.

프로필 촬영이 예약되어 있어 주말에 스튜디오에 나왔다. 카메라를 준비하고 돌아서는데 촬영을 기다리고 있는 남자의 얼굴이 낯익었다. 고등학교 동창이었다. 졸업 전에 학교를 떠난 터라 학창시절 기억이 많진 않지만, 이 친구에 대한 기억은 또렷했다. 반장이었으니까. 반가움에 우린 인사를 나눴다. 그는 자신의 길을 잘 가고 있는 것 같았다. 이름 있는 대학에 들어갔고, 군복무도 무사히 마쳤다. 단, 몇 번의 취업실패를 겪고 있는 것을 제외하면 말이다.

말끔하게 차려입은 그의 모습은 근사했다. 입을 크게 벌려 웃는 얼굴이 매력적이었다. 한 시간가량 촬영을 마치고 돌아갔다. 그날 저녁 노트북으로 전송한 사진들을 정리하면서 친구의 사진들을 보는데, 촬영장에서는 느끼지 못한 감정들이 읽혔다. 웃고 있는데 슬픈 감정이 표정 곳곳에 숨겨져 있었다. 프로필 촬영에 능숙해서 당시에는 느끼지 못한 감정들이었다. 그러나 사진은 거짓말을 할 수가 없다.

사진은 그가 능숙한 거짓말을 하고 있다고 말했다. 불안, 초조, 슬픔이 연하게 희석된 것 같은 표정이었다.

나는 매일 아침 거울을 본다. 사진을 찍는 것처럼 거울에 내 모습을 비춰보면서 동공 속을 들여다본다. 잘 살고 있는지 나에게 묻는다. 고등학교를 자퇴하고 사회에 나온 뒤, 차별에 대한 좌절, 보상에 분노는 있었지만 내 길에 대한 후회는 없었다. 오전에 다녀간 친구와 나를 두고 누가 잘 살고 있는지를 묻는 것은 바보 같은 질문이지만, 서른을 앞둔 내 길에 '여전히 후회는 없다'라고 말할 수 있는 나는 분명 행복한 사람이다.

잠깐 생각 좀 하고 가겠습니다

"하고 싶은 일이 있다면, 그 일이 당신의 전부와 바꿀 수 있는 것이라면, 반드시 하세요. 그러나 하고 싶은 일이 무엇인지 알지 못한 채, 막연한 감정으로만 남아 있다면 지금 할 수 있는 일부터 하는 것이 현명합니다.

할 수 있는 일을 잘하는 일로 발전시키고, 잘하는 일을 존경받는 일로 키워갈 수 있다면 당신의 그 일은 이미 해서 행복한 일이 되어 있을 겁니다.

매일 아침 거울을 들여다보세요. 당신의 얼굴에 꾸밈없는 미소가 그려질 때 당신은 지금 행복한 사람입니다."

# #3 정해지지 않아서 행복한 길

Question Box

행복할 거라 믿으면
행복해진다는 걸 믿나요?

"민정아, 그래서 네가 원하는 게 뭐야? 그럼 넌 어떤 일을 하고 싶어?"

"…."

'어떤 일?'

인생에는 정해진 모양이 없다. 어제 만든 모양을 오늘 아침 눈뜨면서 다시금 빚게 되는 게 인생이다. 정해진 모양이 없어서 다행스럽다. 매일 새롭게 시작할 수 있으니까. 원고를 써가면서 한 가지 느낀 점이 있다. 쓰는 만큼 쌓이고, 쓰는 대로 기록되는 것이 글이라는 것을. 삶을 빚어 만들어가는 우리의 하루도 글쓰기와 다르지 않다. 어

잠깐 생각 좀 하고 가겠습니다

떤 글을 쓸 것인가를 결정하는 것은 전적으로 작가인 당신 몫이기 때문이다.

그래서 인생에는 정답이 없다. 수험서 같은 인생이라면 무슨 재미로 살겠는가. 정답이 없다는 게 인생의 정답이다. 그래서 다행이다.

"정해진 길이 있다면 행복할까요?
어제 좋지 않았다고 해서 기죽지 마세요.
당신의 오늘이 어떻게 될지는 아무도 모릅니다."

# #4 디지털 노마드

당신이 정의하는 일의
정의는 무엇입니까?

미국에서 경영학을 전공하고 LA에 있는 IT 스타트업에서 인턴을 거쳤다. 이후 한국으로 돌아와 인터넷 플랫폼 기업에서 기획자로 3년간 근무했다. 성장하는 기업에서 일의 보람을 찾고 싶었지만 야근에 주말까지 반납해야 하는 직업적 현실을 받아들이지 못하고 결국 퇴사를 했다. 그 뒤 일본, 중국, 몽골, 러시아를 거쳐 해외여행을 시작한 지 1년 만에 말레이시아에 임시 정착했다. 이때부터 내 인생의 본격적인 '디지털 노마드'가 시작되었다.

세계여행을 하던 중 보모 일을 하면서 전 세계를 여행한다는 베트남인을 만난 적이 있다. 그 친구를 통해서 돈을 벌면서도 여행을 할 수 있다는 사실을 처음 알게 되었다. 영어가 통한다면 일자리를 구

잠깐 생각 좀 하고 가겠습니다

하는 것은 의외로 어렵지 않다고 했다.

모국을 떠나 외국에서 일을 하려면 자기만의 전문성이 있어야만 한다고 생각했는데, 하고자 한다면 누구에게나 열린 것이 세상이란 것을 알게 된 것이다. 원할 때, 원하는 곳에서, 원하는 기간 동안 자유롭게 살 수 있다는 사실이 놀라웠다.

그때부터 나의 디지털 노마드가 시작되었다.

간혹 이 불안정한 삶이 두렵지 않느냐는 질문을 받는다. 고민할 것 없이 대답은 'NO'다. 나는 그들에게 한국의 정규직은 안전한가 하는 물음을 던지고 싶다. 조직이 원하는 일을 하고, 성과와 비례하는 적당한 급여에 길들여지는 삶이 두렵지는 않은지 묻고 싶다. 100세 정년이 아니라 50세 전후로 떠나야 하는 정규직이란 사실을 잊고 사는 것은 아닌지 묻고 싶다. 요즘같이 불안정한 세상에 안정된 직업이란 게 무엇일까? 그들과 나의 차이는 서로간의 정의가 다를 뿐이다.

세상이 달라졌다고 한다. 무엇이 달라진 것인가?

살아가는 방식이 다양해졌다. 정해진 시간, 정해진 공간, 정해진 관계가 해체되고 있다. 언제 어디서든 유기적으로 연결되고 협업될 수 있는 세상으로 진화해간다는 점이 가장 두드러진 변화 아닐까.

"빠른 것과 느린 것 사이에 '불평등'이 발생하는 시대가 지금입니다. 여러분이 삶을 바라보는 자세는 보다 유연하고 열려 있어야 합니다.

일본 문부과학성은 2020년부터 사지선다형 시험을 폐지한다고 합니다. 대학입시가 서술형으로 바뀝니다. 이는 지식을 습득하는 사회가 더 이상 경쟁력이 없다는 한계를 정부가 자인한 것입니다.

지식의 습득에서 지식의 활용으로 진화해가는 사회의 동력이 바로 창의성입니다. 전통적인 대물림된 인식들을 다시 생각하고 점검할 필요가 있습니다.

가능성은 바로 그 안에 있습니다."

# #5 당신만 아픈 게 아닙니다

> **Question Box**
>
> 비밀을
> 공유해본 적 있나요?

나는 집으로 누구를 초대한 적이 없다.

우리 집에는 다섯 식구가 살았다. 집은 너무 비좁고 지저분했다. 가난했던 만큼 겉으로 드러나는 것에 유독 신경을 썼다. 명품을 사기 위해 밥을 굶어가며 아르바이트를 했다. 술자리에서는 무리해서 카드를 긁었다.

입사 동기 모임이 있던 날이었다. 밤 11시가 넘어가는 시간, 3차에 정예 멤버들이 남았다.

"야, 우리 재미있는 게임 하나 할까? 인생 산맥 타기라는 게임인데, 인생 최고점과 최저점을 하나씩 이야기하는 거야. 자신에 대해 좀 더 깊이 들여다보고 솔직해질 수 있는 진실게임이야."

'인생 최저점'이란 말을 듣는 순간 빨간 경고등이 켜졌다. 난 애초에 이야기를 꺼낼 생각이 없었다. 서로 눈치만 보고 있던 그때, 먼저 말을 꺼낸 사람은 경호였다. 리더십이 뛰어나 스터디 팀장도 맡았었다. 잘생긴 외모에 똑똑하기까지 하다. 무엇 하나 부족할 것 없어 보이는 경호의 인생 최저점이 궁금했다.

"인생 최고점은 공모전에서 일 등 한 거예요. 최저점은…."

모두가 경호의 눈만 쳐다보고 있었다.

"우리 집 망한 거, 삼 년 전에 부모님 사업이 부도가 났어요. 남들이 망했다 그러면 그런가 보다 했는데, 집을 비워주고, 차가 없어지고, 부모님께서 일용직을 나가셔야 하는 게 망한 것이더라고요."

그의 말 다음으로 한 사람씩 자기 이야기를 하는데 그 자리에 모인 사람 중 삶이 평탄했던 인생은 하나도 없었다.

"요즘 학자금 대출 안 받고 학교 다니는 사람 있어요? 이런 얘기 하니까 괜히 다운되잖아요. 좋은 얘기해요, 우리."

"…."

나만의 비밀이라 여겼던 이야기는 우리 모두의 보편적인 일상의 한 조각에 불과했다.

'멋진 놈들.'

저렇게 밝으니 그 형편을 어떻게 알까. 좀 부족한 게 어떠냐며 되레 버럭 하는 녀석들의 기세가 그렇게 든든하고 예뻐 보일 수 없었다.

"보이는 대로 세상을 보면, 보여주는 대로 믿게 됩니다.

내가 아플 상황이면 누군가도 아픈 법입니다. 철저히 나만 고립된 것 같아도 나누다 보면 그렇지 않다는 것을 알게 됩니다.

중병으로 입원중인 사람에게 형식적인 문안인사는 위로가 되지 않습니다. 같은 아픔을 경험한 사람이 가만히 손만 잡아줘도 환자는 위로를 받습니다. 말을 하지 않아도 서로의 아픔을 나눌 수 있기 때문이지요.

나만 아픈 게 아닙니다. 이것은 참 위로가 되는 말입니다."

# #6 보통의 존재로 산다는 것

## 당신의 열등감은 무엇이고, 그것을 극복하기 위해 무엇을 했었나요?

어릴 적 봉천동 꼭대기에 살 때, 친구를 집에 데려온 적이 있다. 낡은 주택에 딸린 단칸방이었고 화장실은 밖에 떨어져 있었다. 엄마는 부엌 한편에 철제 통을 하나 두었다. 한겨울에 용변을 보러 나가는 것도 곤욕이었기 때문이다. 집 안이라고 해도 차가운 양철에 살이 닿는 고통을 참았다 일어나면 엉덩이에는 테두리를 따라 찍힌 동그란 자국이 났다.

문 앞 요강에 배인 지린내에 친구는 코끝을 틀어쥐었다. 살던 집이니 나에게는 익숙한 냄새였지만 처음 우리 집을 찾은 사람들은 불편해했다. 그 냄새가 얼마나 심했는지는 아파트로 이사를 가보고서야 알 수 있었다.

남들에게 당연한 것들이 나에게는 낯설었고 나에게 익숙한 것들이 남들에겐 당혹스러웠던 사춘기를 겪으면서 열등감은 자연스러운 나의 일부가 되었다.

학창시절 나는 있는 듯 없는 듯 투명하게 지냈다. 내 이름을 부르거나 무언가를 콕 집어서 시킬 때면 심장부터 쿵쾅거렸다. 난 줄반장도 해본 적이 없다. 자청해서 손을 든 적도 없고 남들 앞에만 서면 염소 목소리가 났다. 이런 내게도 눈치 볼 필요 없는 공간이 있었다. 주일마다 찾는 성당은 한 주의 피로를 씻어주는 회복의 시간이었다. 예배를 마치고 신부님과 차를 마실 기회가 있었다.

"요즘 학교생활은 어떠니?"

어릴 적부터 나를 봐온 신부님은 나에 대해 모르는 것이 없었다.

"넌 참 재밌는 아이였어. 기억나니? 설교 단상 뒤에 숨어 있는 널 발견하고는 내가 나오라고 했더니, 네가 뭐라고 한 줄 아니?

'내가 누군데요? 신부님이 말하는 내가 제가 생각하는 나랑 맞으면 나갈게요.'

그 말을 듣고 어리지만 속이 깊은 녀석이라 생각했단다. 넌 너에 대해 궁금해할 줄 알았어. 그 모습이 얼마나 천진하고 예뻤는지 모른단다."

그날의 기억은 이미 내게는 없었다. 그렇게 당찬 아이였다는 것도 믿기지 않았다.

잠깐 생각 좀 하고 가겠습니다

"사실 저 요즘 많이 힘들어요. 저는 왜 이렇게 태어났을까요. 내세울 배경도 없고, 남들보다 잘하는 것도 없어요. 누구라도 제 입장이라면 저처럼 소리 죽여 지낼 수밖에 없을 거예요."

신부님은 대꾸 없이 빙긋 미소만 지어 보이셨다.

"새 옷을 입고 밖에 나가면 기분이 좋지 않니?"

느닷없는 질문이 의아했다.

"네? 좋죠. 당연히."

"그래, 맞아. 사람들이 보든 보지 않든 행복한 기분을 만든 건 너란다. 열등감이라는 건 말이다, 남들 때문에 생기는 게 아니야. 그들과 상관없이 새 옷을 입으면 행복해지는 것처럼, 열등감도 그렇단다. 너 스스로 그 옷을 입고 불행하다 생각한 건 아닌지 생각해보렴. 어릴 적 년, 꼬마라고 불리는 걸 싫어했단다. 당돌하게 이름을 불러달라고 했지. 넌 자신감이 넘쳤어. 살다 보면 마음을 다칠 때가 있단다. 마음을 다치면 영혼의 키가 줄어들어. 하지만 세상 이치가 그렇듯 다친 것은 회복되기 마련이야. 새 옷을 입을지, 헌 옷을 입을지는 스스로 결정하는 거야. 행복하고자 결심하는 순간 우리는 행복해진단다."

"머리를 하고 거리에 나오면 자꾸만 거울에 나를 비춰보게 됩니다.
달라진 내 모습을 마주하면 마음에 봄바람이 불어옴을 느낍니다.
상황은 어떻게 해석하느냐에 따라 달라집니다.
당신은 당신의 행복을 결정할 수 있습니다.
바로 이 순간부터."

# #7 기회는 다시 온다

## 실패를 대하는
## 당신의 자세는 어떻습니까?

대학입시에 두 번이나 실패한 뒤 나도 가족도 한동안 충격에서 헤어나오지 못했다. 겨울 내내 방 안에서만 지내던 내가 보기 싫었던지 아버지가 말했다.

"낚시장비 챙겨와. 오늘 저녁에 밤낚시나 가자."

낚시를 해본 적이 없어서 쭈뼛거리자 무조건 따라나서라는 호통에 그날 밤 저수지로 아버지와 밤낚시를 떠났다. 깜깜한 호숫가에는 희미한 달빛만이 아른거릴 뿐이었다. 낚싯대를 드리우고 한 시간 두 시간이 흘러도 입질 한 번 오지 않았다.

"아버지 고기가 없나 봐요."

"없는 게 아니라 안 무는 거다. 낚싯대를 던진다고 고기가 덥석덥

석 물어대면 낚시할 이유가 있겠니? 인생에는 인내가 반드시 필요한 일들이 있단다. 실패했다고 실망할 것 없다. 너 자신을 믿고 기다리면 반드시 기회는 온다. 산다는 게 별거 없다."

한동안 아버지와 같은 방향을 나란히 응시했다. 고마웠다.

지금의 실패가 인생 전체의 실패는 아니다. 지금은 단지 지금일 뿐이다.

잠깐 생각 좀 하고 가겠습니다

"당신에게는 기회가 있습니다. 이번이 아니더라도 실망할 필요 없습니다. 실패와 좌절은 인생에 빠질 수 없는 과정입니다. 자연스럽게 받아들이세요. 기회는 곧 옵니다."

# #8 당신만의 공간을 가지세요

당신만의
공간이 있습니까?

어릴 적 여섯 식구가 한 방에서 지낸 시절이 있었다. 아이였던 네 형제는 작은 몸을 말고 서로 엄마 곁에 붙어 자려고 아옹다옹했다. 그러다 중학교에 올라가서야 처음으로 내 방이 생겼다. 방문이 닫히는 순간 완벽히 구분되는 그 공간이 얼마나 좋았는지 모른다. 밤늦게까지 혼자 책을 읽거나 전화선을 당겨 와 친구들과 수다를 떨었다. 중학교 이후 지금까지 나만의 방이 없었던 적이 없다.

학창시절 아르바이트를 마치고 텅 빈 방에 들어오면 아무것도 없지만 엄마의 품처럼 아늑했다. 방은 주인의 흔적을 고스란히 담아낸다. 방은 단지 물리적인 공간일 뿐 아니라, 정서적인 마음의 공간이기도 하다. 벽에 걸린 벽시계, 싱크대 위의 찻잔, 책상 위에 쌓인 책과 노트, 옷장에 아무렇게나 구겨져 들어간 티셔츠. 제멋대로인 것처럼 보이지만 주인이 정한 질서에 따라 물건들이 자리하고 있다.

우리에게는 하루 중 단 몇 시간이라도 완전히 단절된 시간이 필요하다. 정보가 과잉된 시대를 살아가려면 실시간 영혼을 빼앗는 것들로부터 나를 차단해야 한다.

"나만의 공간을 가지는 것이 중요합니다.
공간이 여의치 않다면 방해받지 않는 한적한
카페나 공원도 좋습니다.
잠시 전원을 꺼두고 고독한 공간으로 홀로
들어가보시기 바랍니다."

# #9 당신 잘못이 아니에요

지금 당신은
어떤 꿈을 꾸고 있습니까?

1997년, IMF. 대한민국 국가부도사태.

우리 집도 그 재앙을 피해가지 못했다. 공부를 중단해야 했고, 몸을 피한 부모님을 대신해 빚쟁이들의 거친 추궁을 감당해야만 했다. 두 동생들과도 한동안 헤어졌다. 이모와 외삼촌네로 동생들을 보내고 나니 앞으로 버텨야 할 시간들이 막막하게 다가왔다. 친척이라 해도, 장기간 머무르다 보니 동생들도 눈칫밥을 먹는 모양이었다.

막 사춘기에 접어든 막내는 기특하게도 잘 버텨내고 있었다. 몇 달 만에 만난 녀석은 보자마자 울먹거리기 시작했지만, 눈물을 보이지 않으려 어찌나 애쓰는지 그 모습이 안타까워 덥석 안고 그 자리에서 엉엉 울어버렸다.

잠깐 생각 좀 하고 가겠습니다

벌써 이십 년도 지난 일이지만, 그때의 기억은 여전히 생생하다. 과외를 가야 하는데 버스비가 없어 다섯 정거장을 걸어 다녔던 일. 돈을 아끼려고 하얀 봉투에 하루 생활비로 이천 원씩 나눠 담아 썼던 일. 아르바이트 가게에서 남은 음식을 봉지에 싸들고 와 자취방에서 꾸역꾸역 먹던 일.

학창시절의 아픔은 나만의 일로 끝나지 않았다. 1980년대에 태어난 친구들은 대한민국의 성장을 한 번도 경험한 적이 없는 세대다. 그들이 학교에 들어갈 무렵부터 불황이었고 그 불황은 여전히 이어지고 있다. 세대는 다르지만 그들과 나의 기억은 그리 다르지 않을 것이다. 우리가 잘못한 것도 아닌데, 아픔은 각자가 고스란히 져야 했다. 그 아픔이 현재 진행형이란 사실은 그들과 나 사이의 공통분모이기도 하다.

앞으로도 불황은 계속될 것이다. 이 어둠의 끝을 이젠 짐작조차 못하겠다. 그래서 정신 똑바로 차리고 살아야 한다. 휩쓸리지 말고 나만의 방식으로 살아가야 한다.

"당신의 꿈은 무엇입니까.
매일 질문하세요.
매일 확인하세요.
대답할 수 없을지라도
매일 질문하고 답하세요."

잠깐 생각 좀 하고 가겠습니다

# #10 과거는 바꿀 수 있습니다

> **Question Box**
>
> ### 현재를 대하는
> ### 당신의 자세는 어떻습니까?

"미래는 바꿀 수 없어도 과거는 바꿀 수 있습니다."

이렇게 말하면 다들 의아하게 생각할지 모르지만 사실이다. 미래는 오지 않은 시간이므로 바꿀 수 없다. 그러나 과거는 현재의 상태에 따라 바뀐다. 과거의 당신이 아무리 어렵고 힘들었다 할지라도 현재에 충만한 행복감을 느낀다면 과거는 아름다운 추억으로 남는다. 그러나 상황이 그 반대라면 동일한 과거라 할지라도 그 시간은 악몽으로 기억될 것이다. 내일의 행복을 위해 무조건 오늘을 희생하지 말아야 한다. 오늘이 불행하면 오늘이 될 내일도 불행하다.

당신은 지금 이 순간 행복을 결심할 수 있고, 그 즉시 행복할 수 있다.

"내 행복은 내가 결정할 수 있어요. 첫 데이트가 있던 날, 일어나자마자 창문을 열었어요. 밖은 비가 내리더군요. 실망하는 대신 이렇게 말했어요. 그녀가 절대 잊지 못할 오늘이 될 거야. 비 오는 날 그것도 첫 데이트라니."

잠깐 생각 좀 하고 가겠습니다

# #11 당신은 배울 수 있습니까?

## 지금 자리(일)에서
## 당신은 무엇을 배우고 있습니까?

빨갛게 물들어갈 무렵의 저녁 하늘을 좋아한다. 특히, 그 장소가 높은 곳이면 더더욱 좋다. 대학로 낙산공원과 집 근처 대학의 운동장이 나에게 그런 장소다. 가끔 앞이 보이지 않아 답답할 때면 이곳에 올라 한참을 내려다보곤 했다. 머리 위로 하늘밖에 없는 그 장소가 좋았다. 한참을 내려다보다가 집으로 돌아오면 가슴 한편이 뻥하고 뚫리는 기분이었다.

연극이 좋아 매일같이 대학로를 찾았던 적이 있다. 당시 식사라 해봐야 고작 편의점 컵라면뿐이었지만 열정만큼은 배부른 시절이었다. 어쩌다 삶은 계란 하나라도 곁들이는 날이면 그날은 인생 최고의 날이었다.

사실 밥을 챙겨 먹는 날보다 굶는 날이 많았고 연극 전단지를 돌리다 시간이 되면 부랴부랴 공연에 오르는 것이 일상이었다. 그러다 비라도 오는 날이면 텅 빈 객석을 마주할 때가 비일비재했다. 그럴 때면 우리는 어깨동무를 하고 함께 무대에 올랐다.

"그대여 아무 걱정하지 말아요. 우리 함께 걸어갑시다."

누군가가 기타를 치며 노래를 부르기 시작하면 누가 먼저랄 것도 없이 손을 잡고 함께 노래를 불렀다. 가진 것도 없고 버는 것도 없는 빈곤한 삶이었지만 든든한 동지가 있다는 것이 크나큰 위안이 되었다.

공연을 마치고 얼큰하게 취해 집 앞 버스정류장에서 내린 날이었다. 골목길 포장마차를 지나는데 눈에 익은 남자의 뒷모습이 눈에 들어왔다. 휑한 정수리, 좁은 어깨, 색 바랜 허름한 점퍼. 아버지였다.

예순이 되기도 전에 실직하신 이후로는 일용직을 전전하셨는데 가끔 속이 답답할 때마다 이곳에서 한잔씩 하시곤 했다. 포장마차는 외로운 시간을 위로받을 수 있는 아버지의 유일한 장소였다. "아버지" 하며 털썩 옆자리에 앉고 싶었지만, 내 꼴이 이렇다 보니 죄송스런 마음에 모른 척 지나갈 수밖에 없었다.

아버지는 연극한답시고 쫓아다니는 내게 단 한 번도 싫은 소리를 하지 않으셨다. 그날은 유독 아버지의 뒷모습이 머릿속을 떠나지 않았다. 아버지가 많이 약해 보였다. 자리를 깔고 누웠지만 가슴이 아려 잠을 이룰 수 없었다. 내 처지가 그렇게도 쓸모없게 보인 적은 처음이었다.

그날 이후 나는 서서히 마음의 정리를 하게 되었다.

"나 연극 그만둬야 할 것 같아."

단원들의 실망은 컸다. 서로에 대한 믿음이 단단했던 만큼 한 사람의 이탈은 그들에게 큰 충격이었다. 나 역시 가슴이 미어지는 것은 마찬가지였다.

그 길로 나는 연극판을 떠났다. 하지만 울타리 밖 세상도 어렵긴 마찬가지였다. 어디서부터 시작해야 할지 막막해하던 그때 선배가 방과 후 수업을 연결시켜주었다. 어린이 뮤지컬을 지도하는 일이었는데 연극과는 다른 낯선 경험이었다. 살려고 뛰쳐나온 마당에 재고 따질 형편이 아니었다. 가르친다는 것에 대한 부담은 상당했지만 어떤 일이든 그 안에 배움이 있다 생각하고 수업을 준비했다. 수입은 나쁘지 않았다. 더 이상 끼니를 편의점 컵라면으로 해결하지 않아도 되었고 무엇보다 이삼십만 원이라도 아버지께 용돈을 드릴 수 있어서 행복했다. 일을 하면서도 한 가지 불안했던 것은 급여인상을 기대할 수 없는 계약직이라는 것이었다. 방과 후 교실은 미래를 계획하기에는 여전히 불안정한 일이다.

학교로 출퇴근하면서 내가 성장할 수 있는 길을 고민했다. '내가 할 수 있는 일'을 '나만이 할 수 있는 일'로 키워내지 못하면 이곳에서도 미래는 없다는 것을 알기 때문이다.

'무엇을 배울 수 있는가?' 발전을 위해 매일같이 반복한 이 질문은 아이들을 깊은 시선으로 바라보게 했다. 일방적으로 가르치기보다 눈높이에서 들어주고 반응했다. 아이들이 원하는 소통방식을 이해하게 되면서 내 수업에 참여하는 아이들의 행동에 변화가 찾아오기 시작했다. 소심했던 아이가 자신감을 갖고 대사를 하기 시작했고, 공연 준비과정에서 적극적으로 협동하는 모습을 보였다. 기대 이상의 변화에 엄마들의 놀라움이 더욱 컸다.

선생님, 잘 지내시죠?

○○이 엄마예요. 요즘 아이가 학교를 너무 좋아해요. 매일 아침 학교 안 간다고 버티던 아이였는데, 영어뮤지컬 수업을 들으면서 매일 영어공부하고 방과 후 수업 있는 날은 전날부터 학교 가고 싶다고 난리예요. 정말 감사합니다.

아이들이 내가 가야 할 길을 정해주었다. 연극을 그만둬야 할 때는 막막하기도 했지만, 사람은 어디서든 배울 수 있고, 지금 자신이 처한 환경에서 '무엇을 배울 수 있는가'라는 질문을 잊지 않는다면 성장할 수 있으리라 확신하게 되었다. 그사이 나에게도 현실적인 꿈

잠깐 생각 좀 하고 가겠습니다

이 생겼다. 학교에서의 경험을 조금 더 쌓은 다음 내 이름을 건 어린이 뮤지컬 교실을 열 생각이다. 가진 것이 없다고만 생각했는데 그렇지 않았다. 연극판에서의 무대경험이 있었고, 지키고 싶은 가족이 있었고, 생각보다 아이들과 잘 지낸 타고난 친화력이 내겐 있었다. 가져야 할 것을 구하는 것보다 가지고 있는 것을 제대로 쓸 줄 알아야 한다.

이제는 이런 내가 좋다.

"가져야 할 것을 구하는 것보다 가지고 있는 것을 제대로 쓸 줄 알아야 합니다."

# #12 정의란 무엇일까요?

글쓴이에게
해주고 싶은 말은 무엇인가요?

삼수 끝에 원하는 대학에 입학했다. 동기들보다 세 살이나 많았다. 출발은 늦었지만 도착은 빠를 것이다. 내가 이 대학에 기를 쓰고 온 이유다.

입시를 준비하면서 삼수와 사수 끝에 적당히 타협하는 사람들을 숱하게 보아왔다. 그들을 생각하면 지금의 나는 다행스럽다고 안도한다. 대학이 인생의 전부가 아니라며 이런 나를 향해 핏대를 세워 가르치려는 사람들이 있다. 한마디로 웃기지도 않는다.

그들은 패배자이거나, 기득권을 가진 사람들이다. 세상이 변했다고 말하지만, 정원미달이 속출하는 지방대와 재수생들로 빽빽이 들어찬 강남 기숙학원의 현실을 무어라 설명할 것인가.

대학이 남아돌아도 이름 있는 대학은 낙타가 바늘구멍 통과하는 것보다 들어가기 어려운 것이 우리 현실이다. 대학이란 말도 우습다. 전공은 입학을 위한 선택일 뿐, 전공과 무관한 미래를 결정하는 졸업생들은 또 얼마나 많은가. 대학은 학문을 위한 지성의 장이 아니라 취업을 위한 경쟁의 장이다. 현실을 인정하고 경쟁에서 살아남기 위한 선택이 왜 비난받아야 하는가.

장밋빛 인생을 꿈꾸는 것은 자유지만, 장밋빛 인생을 살기 위해선 '경쟁'이 불가피하다. 꿈이 뭐냐고 제발 묻지 말았으면 좋겠다. 기성세대가 얘기하는 꿈의 정의는 현실이 정의하는 것과 그 온도차가 커도 너무 크다. 개인의 능력이 아무리 뛰어나도 배경이 평가의 기준이 된다면 우리가 할 수 있는 일이란 제한될 수밖에 없다. 개인이 가질 수 있는 꿈의 한계란 이미 정해진 것이다. 강원랜드 부정합격사태만 보아도 우리 사회가 얼마나 부패했으며 정의와 동떨어져 있는지 여실히 알 수 있다.

삼수시절 머리를 식힐 겸 한강에 나간 적이 있었다. 새벽 네 시경, 20대 중반으로 보이는 여자가 물가에 쭈그리고 앉더니 한쪽 신을 벗고 강물에 발을 담갔다가 뺐다가를 반복하는 것이 아닌가. 그 모습에 일순간 가슴이 싸늘해졌다. 나는 다급하게 경찰에 신고를 했다. 경찰차에서 내린 여성 경찰은 조심스럽게 다가가 그녀를 물 밖으로 끌어내리려고 시도했다. 그러나 여자는 완강히 저항했다. 결국 경찰도 그녀 옆에 주저앉아 한동안 같은 곳을 바라봐주었다. 다행히 둘 사이 대화가 오갔고 동이 틀 무렵 그녀는 몸을 일으켜 집으로 돌아갔다.

그날의 사건은 나를 단단하게 만들었다. 이겨내지 못하면 인간답게 살아갈 수 없다는 생각이 그때 굳어졌다. 새벽에 내가 목격한 그녀를 당신들도 보았다면, 과연 꿈에 대해 함부로 이야기할 수 있을까.

나는 꿈을 꾸지 않는 꿈을 꾼다. 현실을 살 뿐이다. 이런 나를 비난하는 사람들이 있지만 상관하지 않는다. 누구에게도 의지하지 않고 내 힘으로 살아간다.

"꿈은 인간을 성장시킵니다. 애써 이루려 하지 않아도 꿈을 꾸는 것 자체가 설렘이고 행복입니다. 꿈은 이루기 위한 것이 아니라 마음껏 행복하기 위한 것이기 때문입니다. 당신이라면 이 청년에게 어떤 말을 해주시겠습니까?"

잠깐 생각 좀 하고 가겠습니다

# #13 꿈은 용기 안에 있다

> **'할 수 있는 일' vs '하고 싶은 일'**
> **당신의 선택은?**

'청년 실업률 역대최고!'

'실업자 100만 명!'

청년 실업률이 연일 뉴스 헤드라인을 장식하고 있다. 난 그 이야깃거리의 주인공인 취업 삼수생이다. 요즘 들어 불면증은 더욱 심해졌다. 몸은 곧 바스라질 것 같고 정신은 몽롱하다. 자고 싶은데 도무지 잘 수가 없다. 온몸에 퍼진 모세혈관이 서서히 마르는 것 같다.

　영하의 칼바람이 매섭던 날, 잠을 설치다 눈을 떴다. 나도 모르게 잠이 들었던 모양이다. LED 붉은 숫자가 새벽 3시를 알리고 있었다. 온몸에 한기가 돌았다. 이불을 목까지 끌어올리고 천장을 올려다봤다. 어둠 사이로 사각의 천장 경계면이 또렷이 눈에 들어왔다. 네 평 남짓한 이 방이 천장에 갇힌 듯 느껴졌다. 감옥 같기도 했고, 도망칠 수 없는 링 같기도 했다. 나는 질끈 눈을 감았다. 자고 싶었다. 현실을 잊고 나를 지워버리고 싶었다. 머리가 지끈거려왔다. 괴로움에 몸을 웅크리며 가로누웠다. 그때 방 한구석에서 반짝이는 무언가가 보였다. 반쯤 몸을 일으켜 가까이 가보니 언젠가 사두었던 모형 항공기였다.

'어째서 아직까지 저게 있지?'

나는 손을 뻗어 집었다. 비행기는 날렵한 몸체와 제법 커다란 날개를 뽐내고 있었다. 대학진학 전까지 내 꿈은 오로지 비행기 조종사가 되는 것이었다. 창공을 가르며 세계 곳곳을 날고 싶었다. 우리가 말하는 '꿈'의 정의는 '이루고 싶지만 결코 이룰 수 없는 것'일지 모른다. 꿈을 말하지만 이룰 수 있을 것이라 확신하는 사람이 과연 얼마나 될까. 조종사가 되고 싶었지만, 내 꿈은 지지받지 못했고, 가족이 원하는 길을 선택해야 했다. 지금에서야 이런 후회를 하지만, 그땐 무엇이 옳은지 알지 못했다. 그렇게 비행은 내 삶에서 멀어져갔고, 두 번 이사를 하면서 꿈의 흔적들도 폐기물 더미와 함께 문밖에 버려졌다.

눈가가 촉촉이 젖어들었다.

'죄다 버렸다고 생각했는데…'

잠깐 생각 좀 하고 가겠습니다

도무지 잠을 이룰 수 없었다. 날이 밝으려면 아직도 멀었지만 주섬주섬 옷을 챙겨 입고 밤거리를 나섰다. 걷다 보니 발끝이 아려왔다. 얼마나 걸었을까. 동네가 보이지 않을 만큼 나는 집과 멀어져 있었다. 동트기 전 날카롭게 불어오는 혹한의 칼바람이 온몸을 찔러댔다. 그때 희미한 불빛 하나가 눈에 들어왔다. 그 불빛은 점점 선명해지더니 잠시 후 내 앞에 섰다. 차문을 열고 나온 사람은 쉰은 되어 보이는 아주머니였다. 시퍼렇게 얼어버린 나를 보자마자 두르고 있던 목도리부터 풀어 둘러주었다.

"이 시간에 어쩌다가 여기 이러고 있어요. 아무리 서울 근교라지만 이 차림새로 큰일 나요."

남편과 새벽기도를 드리러 교회에 가는 길에 나를 발견하고 차를 세운 것이다. 그날 기온이 영하 15도까지 떨어진 것을 나는 전혀 모르고 있었다. 고맙게도 부부는 집 근처까지 데려다주었다. 온몸을 누르는 피곤이 몰려왔다. 나는 방으로 들어오자마자 이불 속으로 파고들었다. 오랜만에 깊은 잠에 빠졌다.

창 너머로 들어온 겨울 햇살에 얼굴이 간질거려서 눈을 떴다. 몸이 납덩이를 두른 것처럼 무거웠다. 문득, 새벽에 만난 부부가 떠올랐다. '지난 밤 내가 왜 그랬을까' 하는 생각이 들면서도 인적 없는 도로 위에서 도움을 준 두 분의 배려에 마음이 따뜻해졌다.

나는 다시 일상으로 돌아왔다. 긴 겨울이 끝나고 땅이 움트는 계절이 돌아왔다. 앙상하게 말라버린 가지를 뚫고 곧이라도 연둣빛 싹이 기지개를 펼 기세다. 몇 달 사이 나에게도 변화가 있었다. 우선 서른이란 낯선 나이가 되었고, '닥치고 취업'이라는 목표를 버렸다. 부모님과 충돌은 있었지만 이제부터라도 원하는 길을 가기로 했다. 지난 삼 년간, 아니 대학을 입학하면서부터 지금까지 나는 행복하지 않았다. 앞으로 살아갈 긴긴 세월을 생각했다. 앞으로도 행복하지 못할 시간들을…. 끔찍했다. 칼날같이 매서운 바람 앞에 선 그날의 밤보다 끔찍할 시간을 살아낼 용기가 내겐 없었다.

오늘 나는 처음으로 나를 위한 도전을 한다. 의자를 바짝 당겨 앉고 노트북 전원을 켰다. 지난 석 달간 고민 끝에 세워본 인생계획을 실행해볼 참이다. 나는 조종사가 되기로 했다. 준비한 원고대로 100명의 기업가들에게 조종사가 되려는 구체적인 비전과 비행훈련을 위한 후원금을 요청하는 메일을 써 내려갔다. 쏟아지는 메일들과 함께 쓰레기통으로 버려질 운명이 될 수도 있겠지만, '하고 싶은 일'을 하기 위해서는 지금 내 자리에서 '할 수 있는 일'을 해야만 한다.

메일을 쓴 뒤 잠시 망설이다 '보내기' 버튼을 눌렀다. 전송이 완료되었다는 메시지가 뜨자 한숨이 절로 나왔다.

하루라는 기다림 끝에 메일함을 열었다. 기대와 두려움이 교차하는 순간, 수신 메일이 눈에 들어왔다. 놀랄 만한 일이었다. 꿈을 지지한다는 내용의 메일이 몇 통 와 있었는데, 그중에는 주변 기업가 친

잠깐 생각 좀 하고 가겠습니다

구들과 십시일반 모아서 장학지원을 하겠다는 분도 계셨다.

고작 나란 사람의 이야기에 귀를 기울여주는 사람들이 있다는 게 도무지 믿기지 않았다.

"청년의 꿈을 응원합니다. 향후 계획이 매우 구체적이어서 응원하고 싶었습니다. 당신은 늦지 않았습니다. 인생은 길어요. 꿈은 이룰 수 있는 것을 꾸는 겁니다. 그리고 이룰 수 있는 것, 그 한계는 당신이 결정하는 게 아니에요. 당신의 용기가 결정하는 것이지요. 멋진 비행 기대합니다."

# 관계에
# 관하여

# #1 문제에는 반드시 해결의 열쇠가 있다

Question
Box

## 위기에 처한 순간
## 당신은 어떻게 대응하나요?

오사카 출장을 앞두고 비행기를 놓친 일이 있다. 아침 8시 50분 비행기에 오르기 위해 새벽부터 일어나 공항으로 출발했다. 새벽 6시에 올라탄 리무진은 아직 어둠으로 가득한 올림픽대로를 달려 인천공항을 향했다. 7시를 조금 넘겨 도착한 나는 간단히 아침식사를 하고 발권창구로 갔다. 그런데 직원에게 여권을 내밀자, 출발지가 인천이 아니라 김포라는 날벼락 같은 소리가 들려왔다. 표를 확인해보니, 출발지가 김포로 찍혀 있었다.

심장이 덜컥 내려앉는 소리가 들렸다. 허둥지둥 들고 온 짐을 챙겨 들고 뒤돌아 뛰었다. 밖을 나와 보이는 대로 택시를 잡아탔다. "아저씨! 김포공항이요!" 목소리가 심하게 떨렸다. 이미 탑승권을 교부받아야 할 시간이 지났다. 이마에는 식은땀이 비 오듯 흘러내렸다.

김포공항으로 향하는 택시 안에서 초조해하다가, 아무래도 비행기를 놓칠 것 같아 상사에게 전화를 걸었다.

"차장님, 공항을 착각해서 늦었습니다. 비행기를 못 탈지도 모르겠습니다. 일단 최대한 빨리 가고는 있습니다."

전화를 받자마자 차장의 목소리도 다급해졌다. 일단 끊어보라고 한 뒤 1분도 안 돼 전화가 걸려왔다.

"일단 미팅 시간 2시간 늦췄으니까, 현지 담당자에게 직접 자초지종을 설명해. 갈 때 작은 선물 하나 사는 거 잊지 말고. 9시 반 비행기 한 자리 남아서 바로 예약했으니까 늦진 않을 거야. 너무 걱정 말고 조심히 다녀와."

지금도 당시를 생각하면 가슴이 서늘해진다. 첫 해외 출장길에 비행기를 놓친 사람은 나밖에 없을 것이다. 공항에 도착해 무사히 비행기에 오르고서야 안도의 한숨을 내쉴 수 있었다.

힘겨워할 때마다 어머니가 해주신 말이 있다.

"걱정하지 마라, 해결 못할 일은 없다. 어려움이 닥치면 당황하지 말고 차분히 해결책을 생각해라. 자책은 모든 상황이 정리되고 해도 늦지 않다."

아침부터 한바탕 소동이 일어났지만 무사히 회의 시간에 맞춰 도착할 수 있었고, 일도 잘 마무리가 되었다. 돌아가서 차장님에게 꾸

지람을 듣긴 했지만, 내가 긴장하지 않도록 오히려 도움을 주신 것
만으로도 감사했다.

"일을 하다 보면 예기치 못한 사건사고를 만
날 때가 있습니다. 계획대로만 이루어지는 일
은 없습니다.
문제가 생겼을 때는 먼저 해결하기 위해 집
중해야 합니다. 털썩 주저앉아버리는 순간이
진짜 위기인 것이지요.
모든 문제는 해결의 열쇠를 가지고 태어납니
다."

잠깐 생각 좀 하고 가겠습니다

# #2 기억의 방식

## 용서란
## 무엇인가요?

아버지의 사업이 부도가 나고 집안 식구들은 뿔뿔이 흩어졌다. 고등학교 재학 중이던 동생 녀석은 자퇴를 하고 집을 뛰쳐나갔다. 집으로 찾아오는 건달들의 협박에 어머니는 여자의 몸으로 겨우겨우 하루를 버텨내고 있었다.

군대를 제대하고 학교를 자퇴했다. 어머니는 극구 만류했지만, 불어나는 사채 빛은 어머니 혼자서는 감당할 수 없는 수준이었다. 문제를 해결하겠다며 떠난 아버지는 5년 넘게 소식이 없었다. 아침마다 어머니는 식당으로, 나는 공장으로 출근을 했다. 조금씩 빛을 갚아가며 초등학교 앞에 작은 분식집 하나를 냈다. 네 평 남짓한 공간이었지만, 이곳에서부터 시작하면 뭐라도 될 것이라 생각했다. 어머니를 도와 늦은 시간까지 식당일을 했다. 예순을 넘기면서 어머니는 감기를 달고 살았다. 하루하루 약해져가는 어머니를 지켜볼 때마다 마음이 아려왔다.

장을 보고 가게 문을 열었을 때 낯선 얼굴이 보였다. 5년 만에 보는 아버지였다. 초췌한 얼굴에 낡은 점퍼를 입고 입속으로 국을 떠넣고 있었다. 멀찌감치 떨어진 주방 한편에서 어머니가 아버지를 바라보고 계셨다.

예상치 못한 일이라 당혹스러웠다. 그동안 아버지의 존재를 까맣게 잊고 있었다. 장을 봐온 물건을 들고 주방 안으로 들어갔다.

"잘 지냈니?"

"…."

뭐라 대답을 해야 할지 몰랐다. 반갑기도 했지만, 무시해버리고 싶은 마음도 있었다. 주방을 빠져나온 나는 밖으로 나가버렸다. 그날 아버지는 집으로 오지 못했다. 아내와 자식에 대한 미안함 때문이었으리라. 내 마음에도 구멍 하나가 뚫린 기분이 들었다. 예고도 없이 불쑥 찾아온 아버지가 밉기도 했다. 그날 밤, 어머니가 불러 건너갔다.

"아버지, 이해하고 용서하자. 나가 있는 동안 많이 힘들었을 거다."

"아는데…. 마음으로는 이해하려고 하는데 잘 될지 모르겠어요. 그간 어머니 고생하신 거 생각하면…."

잠깐 생각 좀 하고 가겠습니다

어머니가 내 손을 꼭 잡아주셨다. "용서는 이해하고 안 하고의 문제가 아니야. 용서는 내가 그 사람을 어떻게 기억할 것인가의 문제지. 엄마도 아빠를 용서 못할 시절이 있었어. 그땐 정말 힘들었잖니. 그래도 지금은 작은 가게도 하고 있고, 다시 살아갈 힘을 얻었으니 우리가 아빠를 좋게 기억해주자. 가족을 위해 멀리 다녀온 거라고 말이다."

그때 어머니가 해주신 말은 세상을 살아가는 데 두고두고 힘이 되어주었다.

"용서는 배려가 아닙니다.
상대를 어떻게 기억할 것인가는 현재 나의
상태와 직결되어 있습니다.
삶이 어느 정도 안정되어 있기에 용서도 가
능한 것이지요.
과거는 바뀔 수 있습니다.
현재가 행복하다면 과거도 추억이 될 수 있
습니다.
생각해보세요. 용서하는 당신이 용서받는
그보다 분명 행복한 사람일 겁니다."

잠깐 생각 좀 하고 가겠습니다

# #3 너와 나, 수학처럼

## 너무
## 완벽하려 하진 않습니까?

'수학 천재'

학창시절 나의 별명이다. 수학은 모호함이 없다. 딱 떨어지는 답을 찾아낼 때의 성취감이 좋았다. 인간관계도 수학적으로 풀릴 줄 알았다. 분별력 있게 가려서 만나고, 불편한 사람들에게는 아예 가까이 가려 하지도 않았다.

　나는 사람들과 적당히 섞이는 것이 싫었다. 그들이 내 영역으로 함부로 들어오는 것이 불편했다. 그들의 말에 억지 동조하거나 반응해야 하는 부자연스러움을 견딜 수가 없었다.

　　"선생님, 쟤들이 문방구에서 물건 훔치는 거 봤어요."

하굣길에 문방구에서 물건을 훔치는 급우를 목격하고는 다음 날 담임선생님께 알렸다. 소문은 삽시간에 퍼졌고 나는 밀고자가 되었다. 나는 공공의 적이었다.

종례가 끝나고 모두가 돌아간 후에야 가방을 쌌다. 돌아가는 길에 나를 주목하고 있는 무리들과 마주치기라도 하면 목덜미를 잡혀 끌려갈지 모를 일이었다. 하루하루가 불안했지만 누구도 도움의 손길을 내미는 사람은 없었다.

결국 중학교 진학을 앞두고 다른 도시로 전학을 가게 되었다. 여전히 사람들을 대하는 경계심과 떨쳐낼 수 없는 두려움은 남아 있었다. 그후로 나는 말 없는 학생이 되었다. 대학생이 되었지만 이런 성격은 고쳐지지 않았다. 캠퍼스에서 나는 '이상한 애'로 통했다. 늘 혼자 다니고 혼자 밥을 먹고, 어쩌다 울분이 가시지 않는 일이 있으면 걸어가면서 혼잣말을 해대는 통에 사람들이 무서워하며 저만치 피해버리는 일도 허다했다.

익숙하지 않은 자리는 도무지 견딜 수가 없었다. 처음 보는 이의 이야기를 듣는다는 것도 그렇거니와 그들의 말에 고개를 끄덕여가며 관심을 보여야 하는 그 상황이 불편해서 견딜 수가 없었다. 스물이 되었지만 이런 성격은 시간이 해결할 수 있는 문제가 아니었다.

"사람과의 관계도 연습이 필요해." 재열이 형이었다.

잠깐 생각 좀 하고 가겠습니다

대꾸도 하지 않던 내게 유일하게 농담을 던진 사람이었는데 학과 사무실 앞 벤치에 앉아 있던 내게 서슴없이 다가왔다. 눈초리를 흘기며 경계의 신호를 보냈지만 능글맞게 옆자리에 턱 하니 걸터앉았다.

"너 그거 알아? 너 엄청 튀어."

그 말에 눈을 흘기자 웃음으로 막아선 선배는 벤치에서 몸을 돌리며 차분한 목소리로 말을 이어갔다.

"너 튄다고. 널 드러내고 싶지 않거든 보통아이들처럼 행동해. 그게 더 편할걸. 억지로 섞이고 얘기하지 않아도 돼. 얘기하면 들어주고, 애들이 웃으면 따라 웃어줘. 건드리면 당장이라도 달려들 것처럼 예민하게 굴지 말라고."

"선배가 무슨 상관이에요. 그냥 가세요."

"너 아침에 옥상에서 한번 내려다봐. 아래로 보이는 사람들이 누가 누군지 구분이나 되니? 다른 친구들 눈에도 네가 그렇게 보인다고. 너도 평범한 학생 중 한 명으로밖에 안 보여. 네가 사람을 대하는 게 서툴고 어려워하는 거 아는데, 예민하게 굴수록 네가 힘들어지잖아. 누구나 자신을 지키기 위해 가면 하나쯤은 쓰고 살아. 그러니 있는 그대로의 너 말고 너를 지킬 가면 하나쯤 써도 돼. 멍청아, 순진해 빠져가지고는."

그의 말을 듣고 나는 뒤통수를 얻어맞는 기분이었다.

'내가 다르지 않다고? 평범하다고? 뭐지 제멋대로인 이 사람은?'

자리에서 벌떡 일어난 선배는 내 어깨를 툭툭 치고는 곧 시야에서 사라졌다.

뉘엿뉘엿 해가 기울자 초가을 바람이 불기 시작했다. 수없이 많은 타인의 계절을 보내면서도 나의 계절은 겨울뿐이었다. 무엇 때문인지는 알 수 없었으나, 그가 사라진 자리 위로 바람이 불자 언 바닥에 가는 물길 하나가 열리는 기분이 들었다.

'가면을 쓰고 나도 그들 속에서 살아갈 수 있을까?'

여전히 머리를 좌우로 흔들고 있었지만, 이미 작은 희망 하나가 움트고 있다는 사실 또한 부정할 수 없었다. 울다가 웃다가. '아, 내가 왜 이러지?' 하면서 또 울다가 웃다가 한다.

잠깐 생각 좀 하고 가겠습니다

"완벽하려 하지 마세요.

솔직한 것도 중요하지만 때로는 민낯을 드러낼 수 없는 경우도 있어요. 그럴 땐 적당히 꾸미고 자신을 숨겨도 나쁘지 않습니다.

우린 조금씩 부족하고 불안한 존재들이니까요."

# #4 이기는 습관

## 능력자의 조건은
## 무엇일까요?

어릴 적 자전거로 비탈진 길을 내려가다 서 있는 차에 부딪쳐서 생명이 위태로울 정도로 다친 적이 있다. 속도가 붙을수록 브레이크를 잡아가며 조절해야 하는 걸 몰라 그저 내달리다 난 사고였다. 평소 성취욕이 유달리 강했던 나는 나서기에 주저함이 없었고 일의 결정이 무척이나 빨라 늘 조직의 리더 역할을 도맡았다. 반면에 결점도 있었는데 작은 성취에도 쉽게 기분에 취하는 성격이라 주위로부터 위태위태하다는 지적도 받고는 했다.

모든 행동에는 그 행동을 하게 하는 그만한 이유가 존재한다. 남들이 늘 부러워하는 내 당당함도 사실 어릴 적 마법 같은 경험의 소

잠깐 생각 좀 하고 가겠습니다

산이다.

학창시절 학년마다 유난히 시끄럽고 공부 안 하기로 찍힌 반이 꼭 한 반은 있었다. 꼴찌를 도맡아 하던 우리 반은 들어오시는 선생님마다 인상을 찌푸리고 나가곤 하셨다. 개중에는 분명 모범생도 있었지만, 유독 말썽이 심한 급우 몇 탓에 반 전체 분위기가 항상 어수선했다. 여느 때와 같이 시장판 같았던 그날 '탁' 하고 책상을 두드리는 소리가 울려서 교실에 일시적인 정적이 흘렀다. 분을 못 이긴 반장이 상기된 얼굴을 하고 일어서더니 종이 한 장을 손에 들고 교실 뒤로 성큼성큼 걸어 나갔다.

'기말고사 우수상', '영어수행평가 1등', '전체 개근상'

우리 학교는 매달 학생들 동기부여 차원에서 상을 만들어 1등 반을 뽑곤 했는데, 우리 반 상장란은 상장 대신 반 아이들이 그린 캐릭터가 가득했다.

"우리 이번 달은 마음먹고 저 상 한번 받아보는 거 어때? 자존심 상해서 반장 못 해먹겠어!"

"어!"

언제나 그래왔듯 건성뿐인 대답이었지만, 신기하게도 동시에 한 목소리가 났다. 비장함 같은 것이 있을 리는 없었다. 분위기는 여전히 어수선했고, 교실은 시장바닥이었지만 이후로 이상한 일이 벌어지기 시작했다. 시험기간이 되면 유독 집중력을 발휘하는가 싶더니 이름뿐이었던 상장자리에 상장이 붙기 시작한 것이다.

이 경험은 내게 신선한 충격으로 다가왔다. 공동의 목표의식을 갖는 것만으로도 성과를 만들어낼 수 있단 사실을 경험했으니 말이다. 그야말로 생각의 방향에 따른 결과의 차이는 엄청났다. 중학교 시절부터 목표수립의 중요성을 알게 되었고, 평소 행동에도 명확한 목표가 동반되었기에 성과도 좋았다.

이기는 습관은 자신감으로 이어졌다. 어떤 도전이 닥쳐와도 먼저 겁을 내서 물러선 일이 없는 내게 대학이란 곳은 천국이었다. 자유가 있었고 도전하는 청춘들에게 인색하지 않았다. 그리고 대학생 창업 경진대회 덕에 브레이크를 잡을 줄 알게 되었다.

창업경진대회는 한 달여 동안 준비했던 창업 아이디어를 멋지게 발표해서 투자자들의 투자를 받아내는 모의대회다. 대학 담장을 넘어 꽤나 웅장한 공간으로 들어서니 그제야 긴장감이 느껴졌다. 큰 행사라 그런지 상대 참가자들의 자신감에 차고 비장한 태도에 한 번도 겪어보지 못한 주눅이란 걸 느껴봤다.

"우리 방향을 좀 바꿔야 할 것 같아."

"발표가 30분 후인데 어떻게 바꿔?"

잠깐 생각 좀 하고 가겠습니다

"어차피 발표는 내가 하니까 알아서 하면 되고, 지수야 파워포인트 한 장만 추가해줘. 얼른."

"…."

발표 직전에 내용을 수정한다는 건 큰 무리인 걸 알기에 아무도 동의하지 않았다. 특히 누구보다 우리 아이템에 큰 자부심을 가지고 있던 동혁이는 거세게 반대했다. 논쟁할 시간조차 낭비라는 생각에 발표자의 권한으로 수정할 것을 밀어붙였다.

전에도 이런 적이 몇 번 있었지만 내 직감과 실력은 언제나 옳았기에 이번에도 의심하지 않았다.

하지만,

연습되어지지 않은 내용은 큰 무대에서 적응하지 못했다. 수정된 부분의 연결이 논리적으로 맞지 않자 당황스러워 말을 멈춰버렸다. 큰 강연장은 몇 초간 정적이 흘렀다. 아무 말도 들리지 않았다. 이기는 데만 익숙해진 나였기에 실패라는 단어가 생각나는 순간 어떻게 행동해야 할지 몰랐다.

'너 김기주야. 이게 뭐라고 얼어 있어?'

스스로를 채찍질해봤지만, 처음 느끼는 패배감에 고개를 떨어뜨린 채 사회자의 지시에 따라 무대를 내려와야만 했다.

모두의 비난과 질타를 감당하고 나서야 비로소 나 스스로를 견제하는 장치를 마련할 수 있었다.

"균형과 조화. 자신감은 균형 안에서의 자신감이어야 합니다.
나만의 방식으로 이기는 습관에 젖어드는 순간부터 타인의 의견을 받아들이지 않을 수 있어요."

잠깐 생각 좀 하고 가겠습니다

# #5 기적같이 다가온 밤

## 여러분을 변화하게 하는
## 힘은 무엇인가요?

"은아야, 축하해. let's party."

유럽 학술탐방을 가게 된 건 순전히 운발이다. 이거 하나 됐다고 뭐 큰 수상이라도 한 것처럼 호들갑 떨며 맥주를 사들고 오는 정애가 이해가 안 된다.

"어쩌다 된 건데 이게 뭐라고… 암튼 축하해줘서 고마워"라고 고마움을 표현하자 정애는 정색을 하며 말했다.

"너 진짜 왜 그래?"

웃자고 한 얘기에 정색하며 말을 해서 순간 당황스러웠다. 평소 함부로 말을 하지 않는 정애였지만 이날따라 목소리에 날을 세웠다.

"그건 운이 아니라 네 실력이라고. 너 말하는 거 가만 들어보면 다

안 된다, 못할 거 같다, 운이다, 이런 식이야. 네가 자꾸 그러면 같이 있는 나까지 다운되는 거 알아? 네 실력을 그렇게 낮게 평가하면 마음이 편하니?"

"…"

갑작스런 공격에 은근히 화가 나기는 했지만 사실 틀린 말도 아니어서 테이블 위의 맥주만 홀짝거렸다.

솔직히 난 잘하는 게 겁난다. 운이 좋아 결과가 잘 나오기라도 하면 주위의 기대치만 높게 돼서 스스로를 힘들게 만들 것만 같았다. 못한다는 말로 실패의 여지를 남긴 후에야 겨우 떠밀려서 해온 나였다. 수동적인 이런 방식이 편하기도 했다. 그러다 보니 평소 '운이 좋았다'는 말을 자주 한다. 이건 겸손이 아니라 자기방어다. 이런 나와는 정반대의 성향을 가진 정애의 적극성이 부러웠다.

오늘따라 정애의 다그침이 그리 싫지만은 않다. 뒤로 숨기만 하려던 내게 '너 충분히 괜찮다'며 강한 어조로 밀어붙이는 그녀의 기운에 휩쓸려 나는 천천히 고개를 끄덕이고 있었다.

"정애야… 나 정말 잘할 수 있을까?"

순간 둘 사이에 잠깐의 침묵이 흘렀고, 정애가 낮고 조용한 목소리로 말했다.

"네가 얼마나 괜찮은 사람인지 널 한번 돌아봐." 정애는 내 눈을 맞추며 조용히 웃어주었다.

잠깐 생각 좀 하고 가겠습니다

지금까지 난 핑계만 둘러대며 상황을 회피하기에 급급했다. 따지고 보면 성적이 나빴던 것도 아니고, 주어진 일은 평균 이상을 해낸 나였지만, 타인의 시선에 자신을 가두고 스스로 낮아진 감옥 속에서 나오려 하지 않았다.

가슴에서 잔물결이 일었다. 그것은 심연으로부터의 떨림이었다. '충분히 괜찮다'는 한 마디에 지금까지 느껴본 적 없던 자신감이 차올랐다.

나는 사람들이 없는 곳이 편했고, 좁은 침대에서 나오는 게 싫었다. 그랬던 내게 '충분히 괜찮다'는 그녀의 한 마디는 어쩌면 그토록 기다려온 말일지도 모른다는 생각이 들었다. 눈꼬리를 타고 조용히 눈물이 흘렀다. 무어라 형용할 수 없는 벅참이 밀려왔다.

유리에 비친 내 모습에는 낯선 내가 있었다. 창문 속의 그녀는 지긋이 나와 시선을 맞추고는 속삭이듯 말을 걸어왔다.

'잘하고 있어.'

나를 믿고 있는 내가 기적같이 다가온 밤이었다.

"우리는 누군가의 칭찬과 믿음에 의해 성장하는 것에 익숙해져 있습니다.
이젠 스스로를 칭찬하고 자신을 믿는 습관을 길러보세요.
타인에 의한 믿음보다 더 단단한 근력이 생길 거예요.
당신은 참 괜찮은 사람입니다."

잠깐 생각 좀 하고 가겠습니다

# #6 타인의 시선이 머무르는 곳에서의 나

여러분의 어떤 것도
위로해줄 친구가 있나요?

어릴 적 늘 낡아빠진 팔이 긴 옷을 입고 다녔다. 봄이 한참 지나 무더위가 찾아왔지만 내 차림새는 사계절 바뀔 줄 몰랐다. 나는 지독한 아토피성 피부염을 앓아왔다. 옷 밖으로 드러난 목과 팔에 긁어서 생긴 피딱지와 마디마디 깊게 패인 주름은 인상을 일그러지게 만들었다. 혐오스러운 파충류라도 본 것처럼 거리를 두는 친구들의 시선을 늘 피해 다녔고, 삼삼오오 몰려와 더럽다며 휘두르는 주먹에 맞을 때도 있었다. 하교 길이 무서웠고, 아이들이 접근해 오면 울음부터 터뜨렸다. 그러나 운다고 해서 넘어가는 법이 없었다.

　사춘기를 보내면서 사람을 경계하는 버릇은 여전했지만 겉으로는 오히려 대범해 보이려 노력했다. 이미 초등학교 때부터 약자에게 세상은 절대 관대하지 않다는 것을 몸소 배워왔기 때문이다. 나는 쾌활하고 낙천적인 아이로 성장해갔다. 정확히는 그렇게 보이는 아이로 성장해왔다고 하는 것이 옳다. 아무도 보이지 않는 곳에서의 '나'와, 그들 속 '나' 사이의 온도차는 확연했다.

또 탈락. 계속된 취업면접 불합격 통보에 내 정신과 육체는 곧이라도 찢어져버릴 듯 얇아져 있었다. 취업이 미뤄질수록 매달 가벼워지는 잔고, 학자금 대출 상환에 대한 압박은 커져갔다. 당장 공과금을 낼 돈을 고민해야 하는 현실에 한숨이 절로 나왔다. 취업경기가 꽁꽁 얼어붙었다지만 솔직히 나는 될 줄 알았다. 돈을 벌어가며 학비를 대야 했지만 누구에게 돈을 빌려본 적도, 약한 소릴 한 적도 없다. 학점도 좋았고, 학내 행사에도 늘 적극적이었던 나는 친구들 사이에서는 리더 역할을 자처했었다. 동기들의 고민을 들어주는 건 오히려 내 쪽이었다.

면접 결과를 묻는 친구의 말에 순간 숨이 막혀왔다. 애써 무덤덤한 표정을 지으며 "떨어졌어. 거기 꼭 가고 싶었던 것도 아니고"라고 말은 했지만 목소리는 가늘게 떨리고 있었다. 모든 걸 던져버리고 울고 싶었다. 아니 죽어버리고 싶었다. 부러지지 않으려 혹독히 대한 지난 시간들이 억울해 미칠 것 같았다. 돈 있는 집의 하얗고 매끈한 피부를 가진 아이들로부터 달아나지 않았다. 오히려 그들 안에서 살

잠깐 생각 좀 하고 가겠습니다

아갈 수 있는 방법을 고민했었다. 이렇게까지 노력한 나라면 잘돼야 하는 것이 당연하다 믿어왔다. 그래야만 했다.

참았던 눈물이 쏟아져 입을 틀어막고 소리죽여 울었다. 텅 빈 화장실은 숨겨둔 외로움으로 가득 찼다.

"진짜 괜찮아?" 나는 한동안 그 아이를 쳐다봤다. 눈 주위가 뜨겁게 달아오르는 것이 느껴졌다. 눈자위가 뿌옇게 흐려지고 있었다. 이러는 내가 당황스러웠다.

"울고 싶으면 울어. 애써 강한 척할 필요는 없어."

"…"

은진이의 이 한마디에 무너지고 말았다. 목 놓아 울어대는 요란한 울음을 그녀는 온 가슴으로 받아내었다. 그녀는 한동안 미동도 하지 않고 잠잠해지기를 기다렸다.

"그래, 이렇게 울 줄 아는데 그동안 왜 그렇게 힘들게 지냈어. 잘했어, 잘했어."

차라리 잘된 일이었다. 위로라는 것이 이렇게 따뜻한 줄 알았다면 이렇게 부러지지는 않았을 것이다.

"어떤 모습도 너야. 있는 그대로 나를 보여준다는 게 얼마나 무서운 건지 나도 알아. 지금까지 잘해왔어. 그래도 앞으론 이렇게 감정을 풀어놓는 것도 필요해. 그래야 숨을 쉬지."

그녀도 나 같았다. 아니 그녀는 그냥 나였다. 상냥하고 여리게만 보였던 그녀의 속이 이처럼 단단하고 깊을 줄은 몰랐다.


며칠 후 은진에게 전화를 걸었다. 그녀는 평소처럼 차분한 목소리로 전화를 받았다.

약 30초간 정적이 흐르고 나는 떨리는 목소리로 조심스레 입을 뗐다.

"잠깐 볼 수 있어?"

"소주 한잔 할까?"

술 못하는 그녀의 제안에 웃음이 났다. 눈물도 났다.

이제야 뭔가 제대로 될 것 같은 기분이 들었다.

마음이 청소된 그런 기분.

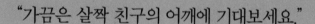

"가끔은 살짝 친구의 어깨에 기대보세요."

잠깐 생각 좀 하고 가겠습니다

2장 관계에 관하여

# #7 관계

## 대학생활에서
## 가장 중요한 것이 무엇일까요?

내 대학생활을 정확히 짜여진 틀 안에 가뒀었다. 사사로운 감정이 비집고 들어올 틈조차 없이 조밀한 내 일상은 단 몇 분의 헛된 시간도 용납하지 않았다.

내게 가장 필요한 건 친구와의 소중한 추억도 대학 캠퍼스의 잊지 못할 낭만도 아닌 1등이었다. 누구와의 경쟁에서 이기는 1등이 아니라 전액장학금을 탈 수 있는 1등이 내게 필요했고 입학할 때부터 내 명확한 목표는 누구에게도 방해받지 않는 아웃사이더를 자청했다. '관계'보다 성적 장학금이 더 중요했던 나는 애써 그들의 활동에 동요되지 않는 척했다. 그럴수록 더 고개를 쳐들고 더 잘나려고 노력했다.

잠깐 생각 좀 하고 가겠습니다

'단과대 수석졸업'이라는 타이틀을 얻고 회사 사원증을 목에 걸고서야 비로소 사람들과 부대낄 여유를 가졌다. 하지만 내 핸드폰에는 아르바이트 사장님과 지도교수님 몇 분의 번호가 고작이었고, 카카오톡 메시지 창은 언제나처럼 텅 비어 있었다.

'아…!'

"민석 씨, 이 자료 정리 좀 해봐."

"그건 선배님 일 아닙니까?"

"민석 씨, 이건 내 일이 아니라 우리 일이에요. 다른 업무가 좀 밀려서 같이 하자는 거예요."

"죄송하지만, 저도 밀린 업무가 많아서 못 도와드리겠습니다."

"뭐예요? 아니 팀워크 몰라요? 대학에서 그런 거 안 해봤어요?"

사사건건 선배들과 마찰이 있었다. 공부 이외에 모든 면에서 미숙한 나의 사회 적응은 학교에서의 아웃사이더를 견디는 것 이상으로 힘들었다. 동기와의 식사시간을 맞추기 위해 일부러 밥을 천천히 씹으며 내 시간을 허비해야 했고, 팀 전체의 성과를 위해 내 업무가 아닌 일도 같이 야근을 하며 마무리를 해야 했다. 때론 아무것도 아닌 일에 상사의 이해 못할 호통을 들어야 했다.

김 대리님을 본 건 이 모든 사소한 일들에 짜증스러움과 극도의 스트레스를 견디고 있을 즈음이었다. 자정이 다 될 무렵 회사에 두고 온 게 있어서 잠시 들어간 사무실에 불이 켜져 있었다. 김 대리님이 어깨를 한껏 움츠리고 뭔가를 열심히 하고 있었고 옆에는 낮에 내가 정리한 서류 뭉치가 쌓여 있었다.

"뭐 하세요? 이거 내가 한 건데… 뭐가 잘못됐어요?"

"어, 네가 업무가 많아서 그런지 칸이 하나씩 다 밀리고 숫자가 몇 개 틀렸어. 별거 아니라 내가 그냥 하고 있어."

"어? 이거 틀렸으면 이 전 것들도 다 틀린 건데? 설마 김 대리님?"

"뭐 어때? 나도 퇴근할 때 다 돼서야 발견해서 다시 맡길 수가 없었어. 팀이 잘되는 게 내가 잘되는 거지."

"…"

"미안하고 고마우면 나한테 갚으려 하지 말고 너도 다른 사람한테 이렇게 하면 돼."

김 대리님의 한마디에 한 번도 느껴보지 못한 뭉클함에 짜릿하게 미간이 찌푸려졌다.

"사회에서는 최고 성적의 졸업장보다 더 중요한 것이 사람입니다. 관계는 머리가 아니라 가슴으로 계산할 때 더 정확한 결과를 얻을 수 있어요."

# #8 레고를 처음 본 학생

Question
Box

## 남들이 다 해본 일, 여러분도
## 당연히 해야 한다고 생각하나요?

수업시간에 교구로 블록을 가져간 적이 있었다. 대부분의 학생들이 익숙한 손놀림으로 마치 놀이처럼 수업에 집중하던 시간에 유독 산만한 학생이 눈에 띄었다. 아까부터 블록 몇 개를 만지작거리기만 할 뿐 활동에는 관심이 없는 듯 보였다.

"무슨 문제 있니?"

나는 조심스럽게 다가가서 물었다. 그제야 뭔가 맞춰보는 시늉을 하는 학생의 볼과 귀가 빨갛게 달아올랐다. 나중에 안 사실이지만 그 학생은 지금까지 블록을 가져본 적이 없었다. 누구나 갖고 있었을 법한 흔한 장난감이었지만 그 '누구나'란 범주에조차 포함되지 못한 채 훌쩍 자라버린 그에게 블록은 생애 처음 만져보는 낯선 물건이면서 기억하고 싶지 않은 가난의 상징이었다. '누구나가 가진 것'을 갖지 못한 것에서 오는 느닷없는 낯섦은 들키고 싶지 않았던 과거였을 것이다.

그에게서 예전의 내가 언뜻 보였다. 가슴 가장자리에서부터 저릿한 아픔이 몰려왔다. 아무도 없는 곳에서 우리는 무언가를 갈망하고, 그리워하고, 외로워하고, 숨죽여 아파하지만 그것을 드러내서는 안 된다는 아픈 교훈을 삶에서 배운다. 묻어두고, 자신을 설득하고, 주위와 타협하면서 얻게 되는 그들의 리그에 속하기 위한 자격은 속으로 외롭고 아플수록 가까워지는 것이다. 남들과 다름없던 그의 삶 가운데 찾아온 느닷없는 낯섦에 잠시잠깐 흔들리는 그를 보면서 가슴으로 응원을 보냈다.

'괜찮아, 괜찮아, 지금까지도 잘해왔어. 이제부터는 지나간 시간에 얽매이지 말고 당당히 너 자신의 길을 가. 괜찮아.'

그의 마음에 평화가 찾아오길 바랐다.

그래야 내 마음도 조금은 편해질 것 같았다.

"너 자신이 되라.
다른 사람은 이미 있으니까.
-오스카 와일즈
다른 사람의 모습과 나를 비교하는 순간부
터 불행이 시작된다죠?"

# #9 악착같은 그녀

선입견을
갖고 있지 않나요?

그녀의 업무 태도는 입사 첫날부터 유달리 눈에 띄었다.

"조용히 할 일만 하지 왜 일을 저렇게 만들어서 주변 사람을 바보로 만들어?"

그녀를 두고 뒤에서 수군거리는 소리에 속이 시원했다. 그녀의 능숙한 업무능력 덕에 옆에 있는 내가 무능력해 보일까 노심초사했었는데 인지상정이라고 나만 그런 건 아닌 듯했다.

객관적으로 보면 그녀가 옳다. 본인의 시간을 빼서 일을 더 하는 그녀는 칭찬받아 마땅하고 귀감이 되어야 하는데, 내부에서는 그녀를 힐난하고 있었다. 여직원들 사이에서는 그녀에게 밀릴지도 모른다는 위기의식도 있었다.

"대학 때 공모전 수상 한 번 안 해본 사람 있어? 왜 자꾸 대학 때 상 하나 받은 걸 거들먹거려?"

"게다가 자기 모르는 거 절대 인정 안 하잖아. 모르면 모른다고 하지 왜 말을 돌려가며 어쨌든 아는 척을 하려고 해?"

"그래도 일은 잘하더라."

"그 정도 서류작업도 못하면 말이 되냐? 일 아무리 잘해도 조직문화가 있지, 누군 못해서 안 한데? 저렇게 튀고 싶을까?"

모이기만 하면 그녀의 뒷담화에 휴게실이 시끄러웠다. 이런 분위기를 알 법도 했지만 그녀는 묵묵히 자신의 일에 충실했다.

며칠 후 퇴근길에 그녀와 우연히 마주쳤다. 서로 당황스런 순간이었지만 먼저 말을 걸었다.

"커피 한잔 할래요?"

그녀도 약간 놀란 기색이었다. 거절하진 않았다. 얘기를 나누다 보니 생각보다 수다스럽고 밝은 친구였다. 회사에서는 외톨이였으니 마음이 어땠을까 하는 생각이 들자 미안함이 밀려왔다. 이야기를 나누다 보니 일에만 매달린 데는 이유가 있었다. 월급은 족족 부모님 빚 갚는 데 들어가고 남은 돈은 동생 학비로 보태는 효녀였다. 고등학교 졸업하자마자 법무사 사무실에서 일하다 뒤늦게 대학에 입학한 그녀는 장학금을 받아야 해서 악착같이 공부만 했더란다.

'얼마나 힘들었을까?'

잠깐 생각 좀 하고 가겠습니다

이유를 듣고 나니 그녀의 행동이 이해가 갔다. 장미 같았다. 그녀는 뒤늦게 피지만 진한 향을 머금은 장미 같았다.

'사람을 알아가는 맛이 이런 건가 보다.'

그간 옹졸하게 굴었던 내가 부끄러웠다.

"보이는 대로 판단해버리는 실수는 상대에게 깊은 상처를 줄 뿐만 아니라 나의 인격을 고스란히 밖으로 드러냅니다. 선입견 없이 바라보고 이해하는 태도가 필요합니다."

# #10 당신을 생각하는 사람이 있습니다

Question
Box

## 외로움을 극복하는
## 당신만의 방법은 무엇입니까?

첫 출근 날, 회사의 육중한 회전문을 열고 들어가니 높은 천정이 먼저 눈에 들어왔다. 그 위압감에 순간 긴장했지만 입사를 실감했다. 사원들의 무리에 섞여 게이트를 통과한 후 엘리베이터를 기다렸다.

나는 이름을 대도 알지 못하는 지방대 출신이다. 서울이라는 도시도 처음이었고, 사투리가 아닌 표준어만 쓰는 공간에 둘러싸여 있는 것도 처음이었다. 서울 사람들 말은 봄바람처럼 살랑거렸다. 신기한 건 남자들의 말도 그랬다.

세상이 바뀌었다고 해서 정말 그런 줄 알았다. 내가 이 회사에 들어오게 될 때까지만 해도…. 이 건물 안에서는 나와 이어진 그 어떤 인연도 없었다. 사람들은 잘도 친해졌다. 내가 유별난 것이었을까.

잠깐 생각 좀 하고 가겠습니다

나는 좀처럼 그들과 섞이지 못했다. 없는 약속을 만들어서라도 혼자 밥을 먹는 게 편했다. 윗사람 눈치를 보느라 회사에서는 가장 늦게 퇴근했다.

입사 후 처음 갖는 부서회식 때의 일이다. 술자리가 마무리될 때쯤 주섬주섬 돌아갈 채비를 하는데 팀장님이 내 이름을 부르며 불러 세웠다.

"그 끝에 자네! 자네는 남아봐."

어지럽게 널브러진 술상을 사이에 두고 팀장과 마주 앉았다.

갑자기 적막해진 방에 남겨지니 몹시 어색했다. 그때 팀장이 먼저 말을 걸어왔다.

"고향이 밀양이던데."

내 출신지를 알고 있어서 조금 놀랐다. 그러고는 말을 이어갔다.

"들어오면 다 똑같은 거야. 세상에 공짜 없어. 회사가 바본 줄 알아. 어렵게 들어왔으니 배짱을 가지고 해봐. 직장생활 10년을 보내면서 하나 배운 게 있어. 바보같이 보이면 바보 된다. 그리고 똑똑한 것보다 낯짝 두꺼운 게 낫다는 거. 당하지마. 여기 다들 사근사근해 보여도 속은 그렇지 않아."

들켰다는 부끄러움이 밀려왔다. 바쁜 척하면서 볼 건 다보고 있었다. 약간은 무섭기도 했고, 관심이라 생각하니 위안이 되기도 했다. 누군가 나를 생각하고 있었다는 게.

"제가 잘하는 게 없는 것 같아서요…"

"네가 잘하면 신입이니? 회사생활 다른 거 필요 없어. '깡'이 '짱'이 야. 체력 없는 놈들은 못 버텨. 밖에서 일하시는 분들은 육체노동만 하면 되지, 여긴 육체노동에다 정신노동까지 해야 한다고. 잘하는 거 필요 없어. 혼나면서 배워. 지치지 말고 잘할 때까지 반복하란 말이 야."

돌아오는 길, 집에서 멀찌감치 내렸다. 달밤이 달달해서 걷고 싶었 다. 서울에 온 후로 처음으로 마음이 오가는 '대화'란 걸 해본 날. 팀 장도 내가 걱정됐던 것이다. 나도 팀원이었으니까.

"혼자가 아닙니다.
당신을 생각하는 사람이 있다는 걸 잊지 마 세요."

잠깐 생각 좀 하고 가겠습니다

# #11 스토커

아픈 과거를 극복하는
여러분만의 방법은 무엇인가요?

'퍽! 퍽!'

순식간에 그의 주먹이 내 머리를 향해 날아오고 다리는 내 배를 걷어
찼다. 뒤로 나자빠진 채 아픔보다는 두려움에 일어날 수가 없었다.
손이 덜덜거리며 떨렸다.

"앞으로 그런 말 하지 마!"

헤어지자는 말에 흥분한 그의 눈빛은 무서운 분노로 가득했다.
두려움에 암흑 같던 시간은 어느새 2년이 다 되어가고 있었고, 이제
조금 용기를 내보려는 찰나이다.

"은정아! 아침 안 먹었지? 얼른 내려와."

그는 언제나 빵이나 요거트를 사들고 기숙사 앞에서 기다리고 있었다. 지방에서 올라와 연고가 없는 나에게 친구 같고 때론 삼촌 같고 어쩔 땐 아빠 같은 느낌도 주는 그 친구가 금방 좋아졌다. 친구들과 술이라도 마시는 날이면 어김없이 술집 앞에서 기다리다 기숙사까지 데려다주곤 했다. 그저 날 너무 아껴서 그런 거라 생각하고 친구들은 그의 자상함을 부러워하기만 했다. 문 앞에 서 있는 남자 친구의 팔짱을 끼고 친구들 앞을 유유히 걸어갈 때면 어깨가 으쓱 올라갈 때도 있었다.

서로 꽤 친해지고 익숙해질 무렵 알게 된 그는 어릴 적부터 할머니와 자라고 초등학교 때부터 이미 생계를 고민해온 아이였다. 부모님의 사랑을 그리워하는 듯했다. 실망이나 연민보다 오히려 그가 자존심 상하거나 조금이라도 위축될까 하는 걱정에 위로조차 하지 않고 그냥 손만 꼭 잡아주었다. 사랑을 알기엔 너무 어렸던 나는 그게 사랑인 줄 알고 내 스무 살을 온통 그에게 쏟아부었다.

하지만. 처음 가슴 설레었던 사랑은 시간이 갈수록 집착이 되어갔고, 그 무렵부터 그의 폭행이 시작되었다. 당시의 일은 힘든 기억으로 남아 오랜 시간 나를 괴롭혀왔다. 수업시간과 강의실을 모두 알고 있는 그는 아침마다 나타나 나를 끌고 다녔다. 폭행을 한 뒤에도 아무렇지 않게 밥집으로 데려가서는 해맑게 웃으며 말을 건네곤 했다. 그 모습에 치가 떨렸다. 나는 그에게 정신마저도 구속당한 상태였다.

잠깐 생각 좀 하고 가겠습니다

그저 시키는 대로 할 수밖에 없었다.

삶이 정상적일 리가 없었다. 신경이 예민해지기 시작했다. 어릴 적 힘들게 치료한 아토피가 다시 온 얼굴을 덮어 흉측한 몰골이 되었다. 그럴수록 그는 내 자유를 속박할 수 있다고 생각하는 것 같았다. 비참했다. 결국 난 휴학을 하고는 도망치듯 고향으로 달아났다. 지방까지 따라오지는 않았지만 이후에도 극심한 공포감을 떨쳐낼 수 없었다. 1년 후 그가 군대 갔다는 소식을 듣고 나는 다시 학교로 돌아왔다. 변한 것은 없었다. 강의실도 기숙사도 모든 게 그 자리에 있었다. 시간이 흘렀어도 누군가 나를 감시하고 있을 것만 같은 두려움도 여전했다. 사람들과 눈을 마주치는 것이 두려워 땅만 보고 걸어다녔다. 그렇게 또 1년이 지났다.

'나는 저 친구들처럼 왜 저리 똑 부러지지 못할까? 내가 얼마나 못났으면 나한테 그런 스토커가 붙어서…' 마음에 남은 상처는 나를 향한 자책으로 돌아왔다. 아픈 기억을 말끔히 씻어내고 싶었다.

"은정아 네 탓 아닌 거 너 알잖아. 너 그 생각에서 벗어나지 않으면 계속 사람들한테 이상하다는 소리밖에 안 들어."

삐쩍 마른 몸을 다 가릴 만큼 큰 옷에 창이 긴 모자로 얼굴을 가리고 다녔으니 뒤에서 수군거릴 만도 했다. 벗어나고 싶었지만, 두려움은 말처럼 극복되는 것이 아니었다.

"커피 한잔 할래? 요 앞에 조용한 카페 생겼던데…" 선숙이였다.

우리는 자리를 옮겼고 그녀는 의외의 이야기를 꺼냈다.

"난 어렸을 때 아빠한테 매일 매질당하면서 살았어. 우리 집은 그랬어. 아빠가 술 마시고 들어오는 날이면 숨소리도 안 내고 이불 속에 들어가서 자는 척했어."

전혀 예상치 못한 고백이었다.

"고등학교 땐가? 결국 이러다 나도 이상한 애가 되겠다 싶었어. 아빠처럼 살고 싶진 않았어. 진절머리 나는 집안 분위기에 휩싸이지 않으려고 얼마나 노력했는지 몰라. 강해져야 해. 네게 일어났던 일 끔찍한 그 일을 극복해야 해. 이제 지난 일이야. 네가 아프지 말았으면 좋겠어. 나도 겪어봐서 그 고통이 얼마나 큰지 알아."

그녀의 말에 눈물이 쏟아져 내렸다.

"다시 태어난다고 생각해. 결심하는 순간에 바뀌는 거야. 너도 나처럼 극복할 수 있어."

시간이 지나면 나아질 줄 알았다. 기다리고 기다려도 아픔은 가시지 않았다. 그런데 그녀의 아픔을 공감하는 순간 내 아픔이 옅어짐을 느꼈다. 상처는 상처로 치유됨을 느꼈다.

"누군가 당신이 겪은 아픔에 힘들어하고 있다면, 그 사람에게 손을 내밀어주세요. 아픔은 아픔을 통해 치유됩니다. 나만 그런 게 아니었다는 공감이 회복의 기적을 일으킵니다."

# 3장

# 가치관에
# 관하여

# #1 일을 대하는 자세

성과를 내는
당신만의 노하우가 있나요?

성과를 내는 사람과 그렇지 못한 사람에게는 특징적인 태도가 있다. 한번은 누가 봐도 벅찰 정도의 업무를 떠안은 두 사람이 늦은 밤까지 일을 마치지 못하고 있었다.

"오늘 늦네. 일이 많은데 힘들겠다. 쉬어가면서 해."
A: "하다 보면 언젠가는 끝나겠죠. 조심히 들어가세요."
B: "이걸 언제 다해요. 부러워요. 들어가세요."

귀가하는 버스 안에서 두 사람의 대답이 떠올랐다. A와 B는 대답만큼이나 업무 성과에 확연한 차이가 있었다. 무언가 작업지시를 내

잠깐 생각 좀 하고 가겠습니다

리면 A는 시간을 못 맞추는 법이 없다. 반면 B는 이런저런 이유가 늘 따라붙었다. 같은 일이라도 성과가 다른 이유는 무엇일까. 그것은 애초 해낼 수 있다는 자기 확신의 유무에서 결정된다.

책을 쓰다 보면 '이걸 언제 다 쓰나' 하는 생각이 드는 시점이 있다. 그럴 때는 완성된 책을 생각하지 않고 오늘 내가 할 만큼의 몫만 생각한다. 매일 한 장씩만 써도, 100일이면 한 권 분량의 책이 완성된다. 무슨 일이든 기본단위가 있다. 최소 단위가 쌓여 결국 결과를 만들어낸다. 누구나 알지만 그렇다고 아무나 실천하지 못한다.

재능을 뛰어넘는 재능, 그것이 바로 '일을 대하는 자세'다.

"상황을 바라보는 객관적인 시선을 바꿀 때 마음가짐이 달라집니다."

# #2 성공의 반대말?

> **Question Box**
>
> 생각을 행동으로
> 바꾼 적이 있나요?

[하루 종일 복사나 청소를 시키셔도 좋습니다. 일만 하게 해주세요.]

긴장된 마음으로 메신저 창에 한 글자 한 글자 글을 적어넣었다. 눈을 질끈 감고 전송 버튼을 눌렀다. '전송이 완료되었습니다'라는 메시지가 선명하게 떴다가 사라졌다.

'어떻게든 되겠지. 기다려보자.'

스물일곱. 남. 1년 전 전문대 졸업. 토익 650점. 자격증 운전면허 보통 1종. 취업지원 80번. 탈락 80번.

잠깐 생각 좀 하고 가겠습니다

초라한 나의 사회 초년생 성적표. 컴퓨터 속 '입사지원' 폴더엔 지금껏 지원한 회사의 지원서가 점점 쌓여서 어느 덧 80회를 넘어가고 있었다. 4년제 야간대학 입학을 마다하고 가까운 전문대학으로 진학을 결정했었다. 4년제를 나온 친구들보다 2년 더 빠르게 취업할 것이라는 단순계산으로, 혹은 야간대학을 가기 싫다는 핑계로 전문대학으로 입학했다. 언제나 그렇지만 나의 계산은 틀렸다. 수없이 많은 입사지원에 매번 '귀하의 뛰어난 능력에도 불구하고 저희 회사와는 맞지 않아'로 시작하는 문구를 받아들곤 '뛰어나면 받아줘야지 능력이 맞지 않는다는 건 또 뭐야' 생각하며 탈락의 고배를 마셨다. 이젠 취업의 의지도 사라지고 도무지 어떻게 살아가야 할지 막막한 하루를 버텨내고 있었다.

"너 때문에 모임 나가기가 창피해죽겠다. OO네 아들은 OO전자에 입사했다며 첫 월급으로 아들이 일본 여행을 시켜줬다는데 넌 도대체 뭐하는 거냐! 여행은 고사하고 좀 어디든 들어가야 할 것 아니냐! 정신 좀 차려라! 정신 좀!"

아버지의 고함에 방으로 쫓기듯 들어왔다. 마음 한편이 무거운 바위를 얹어놓은 것처럼 무거웠다. 뜻대로 되지 않는 세상도, 잘나가는 친구들도 모두 미웠다.

처음에는 부모님도 그러지 않으셨다. 힘내라며, 조금 더 열심히 구직활동하면 될 것이라고 응원을 해줬다. 그러나 취업이 하루이틀, 1

년이 넘어가자 결국 매일 얼굴만 보면 잔소리를 하셨다. 이미 내 마음은 갈기갈기 찢겨진 헌 수건처럼 너덜너덜해졌다.

그러던 중 군 입대 전 일주일 정도 서류정리 아르바이트를 하며 안면을 익힌 팀장에게 메신저로 쪽지를 보낸 것이었다. 나를 기억이나 할지도 의문이었다. 하지만 부모님의 등쌀에 도저히 집에 있을 자신이 없어서 어디든지 도망치고 싶어 보낸 메신저였다.

'역시 안 되는구나. 하긴 누군지 기억도 못할 텐데. 나라도 연락하지 않겠다.'

이러지도 저러지도 못한 채 밤이 되었다. 답답한 마음에 술이라도 한잔 할 요량으로 이리저리 함께할 친구들을 찾았지만 그마저도 야근과 회식, 가족을 핑계로 모두 거절당하는 중이었다.

그러던 중 컴퓨터 화면에 메시지 팝업이 하나 떴다. 아침에 메시지를 보냈던 그 팀장이었다. 나는 서둘러 메시지를 열어봤다.


[내일 아침 9시까지 정장 입고 오세요.]


전혀 예상치 못한 그의 메시지가 하얀 팝업창 위로 선명하게 적혀 있었다. 방금 전까지 술친구를 찾아 핸드폰을 뒤지던 나는 메시지를 확인하자마자 벌떡 일어나 옷장을 열어젖혔다.

언제 입었는지 기억도 나지 않는 새하얀 와이셔츠와 대학 졸업 후

한 번도 입지 않았던 정장을 바쁜 손놀림으로 찾았다. 한참을 뒤적이다가 옷장 깊은 곳에서 찾아낸 정장 한 벌이 왜 그리 반갑던지.

다음 날, 실로 오랜만에 일찍 일어나는 아침이었다. 정갈하게 샤워를 마친 뒤 왁스를 한 손에 덜어 두 손에 펴 발랐다. 마치 면접을 가기 전처럼 신중하게 헤어세팅을 마치곤 전날 찾아두었던 흰색 와이셔츠의 단추를 목부터 채워나가기 시작했다. 핸드폰을 보며 전날 밤연습해두었던 대로 넥타이를 목 앞까지 잡아당겨 단단히 졸라맸고혹여나 배가 나와 보일까 정장바지의 벨트를 한 칸 더 졸라맸다. 이른 아침 아들의 정장차림에 부모님이 눈이 휘둥그레지며 물었다.

"마, 니 어디 가노?"

다소 놀란 아버지의 물음에 짧게 대답했다.

"아버지, 저 출근합니다."

그러곤 서둘러 현관문을 나섰다. 어떤 일을 시켜줄지 궁금해하며회사로 향하는 발걸음은 가볍고 경쾌했다.


"네? 자원봉사요!?"


자원봉사를 해달라는 그의 요청에 어이가 없었다. 하지만 딱히 반박할 말이 없었다. 애초에 청소든 복사든 시켜달라고 한 사람은 나였지 않은가. 게다가 집에 있는 것보다 나갈 곳이 생겼으니 부모님

잔소리는 듣지 않아도 될 터였다.

　그날 이후, 매일 아침 회사 정문 앞 청소와 직원들 책상을 걸레로 닦았다. 청소가 끝나면 복사기 옆에 앉아 직원들이 부탁하는 복사를 하곤 했다. 정장을 입은 채로.

　정확히 6개월 동안 자원봉사를 했다. 그리고 3년이 지난 지금 난 이 회사 경영지원팀의 정직원이다. 매일 직원들의 근태를 관리하고, 회사의 중요한 계약을 담당하고 있다.

"기회는 하루에도 수십 번씩 내 앞을 스쳐갑니다. 기회의 결과는 행동으로만 알 수 있습니다. 지금 무언가를 생각한다면 행동하세요.
성공의 반대말은 실패가 아닙니다.
포기입니다.
포기하지 마세요."

# #3 나에게 맞는 일을 모르겠어요

> ## 하고 싶은 게 많은 것이
> ## 문제일까요?

"전 문제가 있어요. 이것저것 하고 싶은 게 너무 많아요. 그래서 제대로 한 가지를 진득하게 해내지 못해요. 산만해서일까요? 저는 이런 제가 정말 마음에 들지 않아요."

진로상담을 하다 보면 자주 듣게 되는 질문이다. 이런 질문을 받게 되면 나는 다음과 같이 되묻곤 한다.

"하고 싶은 게 없는 것보다는 이것저것 하고 싶은 것이 많아서 좋은 게 아닌가요?"

청년들을 보면 뭐가 그리 급한가 싶을 정도로 시간 앞에서 조급해한다. 돌아보면 이십 대에 하게 되는 방황의 테마는 과거나 지금이

잠깐 생각 좀 하고 가겠습니다

나 크게 다르지 않은 듯하다. 이십 대는 투표권과 함께 생애 처음으로 자기결정권을 부여받는 시기다. 자유가 확장되면 내면의 욕구가 들끓는다. 우리가 세상에 관심을 가지고 무언가를 하고 싶어지는 이유다. 당신이 이것저것 하고 싶다면, 그러한 욕구가 충만하다면 그것은 청년기를 보내는 당신에게 매우 바람직한 상황이다.

인간에게 가장 큰 배움은 경험이다. 이십 대에게는 다른 세대에게 주어지지 않은 특권이 있다. 실패에 대한 면죄부가 그것이다. 그러니 이것저것 시도하고 경험하라. 그리고 이십 대의 경험을 토대로 서른을 설계하라. 고민만 말고 당신의 시간을 아낌없이 써라.

"내게 맞는 일은 하늘에서 떨어지는 게 아니에요. 지금 당신이 할 수 있는 일부터 시작해보세요. 당신에게 허락된 시간 안에서 최대한 도전하고 경험해보세요. 그러면 어느새 당신만의 길에 서게 될 겁니다."

# #4 미소가 경쟁력이다

Question Box

**여러분이 가지고 있는
강점은 무엇입니까?**

"외국항공사에서 한국인 승무원 뽑는다는데 한번 지원해봐."

친구의 권유로 계획에 없던 항공사에 덜컥 지원을 하게 됐다. 학창시절 한번쯤은 도전해보고 싶다는 막연한 꿈만 있었는데 더 늦기 전에 도전이라도 해보자 싶어 준비에 들어갔다. 그날부터 고시생 모드로 돌입했다. 도서관 한 자리에서 근 석 달을 보냈다.

　외국항공사였지만 국내항공사 못지않은 규모였는데 채용과정이 까다롭기로 유명했다. 내게 있어 가장 큰 장벽은 영어 인터뷰였다. 토익점수는 회화능력과 별개라는 사실을 외국인들은 알고 있을까. 당시 나의 회화 수준은 점수와 한참 동떨어져 있었지만, 일단 1차 서류면접은 무사히 통과했다.

그리고 드디어 면접. 면접 당일의 긴장감이 아직도 생생하다. 얼마나 떨었던지, 예상질문을 토씨 하나 틀리지 않고 외웠건만 파란 눈의 외국인 면접관과 눈이 마주치자마자 머릿속은 백지가 되어버렸다. 총체적 난국이었다. 드디어 영어 인터뷰가 시작되었다.

"Can you introduce yourself?"

자신을 소개해달라는 질문이었다. 수백 번은 외웠을 이 질문의 답이 왜 그렇게 아득하게 느껴지는지.

"음… My name is Eun-ah Kim. My hobby is cook. Especially I can cook Kimch fried rice. Sir, do you know Kimch fried rice? It is kind of Korean traditional food. If you hire me I'm willing to make the best Kimch fried rice for you."

자기소개는 일찌감치 주로를 이탈해 어이없게도 김치볶음밥으로 마무리되었다. 아리송하다는 면접관들의 표정에 진땀이 났다. 의식은 점점 안드로메다를 향해갔다. 그럼에도 불구하고 나는 능청스런 얼굴로 연신 미소를 쏘아댔다. 뭐라도 해야 할 것 같았다. 면접관들은 주눅 들지 않고 뻔뻔하게 버티는 내가 기특했는지 면접을 마치고 일어서는 내게 엄지를 세워 보였다.

결론부터 이야기하자면, 며칠 뒤 난 최종합격 통보를 받았다. 입사 후 당시 면접관이었던 과장님에게 나를 합격시킨 이유를 물은 적이 있다.

"외국인에게 영어는 한계가 있어요. 영어가 기본이긴 하지만, 경력이 쌓이면 자연스럽게 극복될 문제지요. 그런데 미소는 그렇지 않아요. 당신은 아주 근사한 미소를 가지고 있어요. 그건 노력만으로 극복될 수 없는 당신만의 경쟁력이었습니다. 이해됐나요?"

국내에 영어실력보다 미소가 경쟁우위라 생각하는 기업이 있을까? 과장이 말한 합격의 이유는 내게 있어 큰 자신감을 갖게 했다. '미소가 경쟁력이다' 이 얼마나 멋진 말인가.

가끔 생각한다. 200:1의 경쟁률을 뚫고 합격할 수 있었던 것은 모두가 가진 스펙이 아니라 나만이 가진 아름다움 때문이었다는 것을.

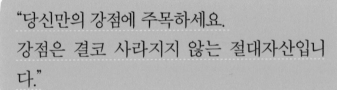

"당신만의 강점에 주목하세요.
강점은 결코 사라지지 않는 절대자산입니다."

# #5 대박 난 꼴찌

나를 설명할 수 있는 단어
10가지는 무엇인가요?

"지영이 안 왔어?"

"교무실에서 못 봤어? 오자마자 학생주임한테 불려갔어."

"오자마자? 왜 또?"

"몰라."

고등학교에 진학한 이후 나는 교실보다 교무실에서 보내는 시간이
많았다. 난 공부에 취미가 없었다. 공부를 왜 해야 하는지도 몰랐다.
니체를 읽다가 교과목을 공부하지 않는다는 이유로 선생님께 번번
이 혼이 나곤 했다.

내게는 불필요한 야자시간, 정시 등교, 개성을 존중하지 않는 복

장규율은 학창시절 내내 나의 가치관과 충돌했다. 나는 모델이 되고 싶었다. 키가 크고 삐쩍 마른데다 개성 강한 외모여서 어딜 가나 눈에 띈다는 이야기를 많이 들었다. 간혹 길거리에서 찍힌 사진이 패션 잡지에 실리기도 했었다. 그러나 개성이 강할수록 난 더 문제아로 낙인찍혔다.

어찌됐건 대학은 들어갔다. 부모님의 성화에 점수를 맞춰 들어간 곳이 식품영양학과였다. 지금에서야 고백하건대 식품영양학과에 가면 4년 내내 요리만 할 줄 알았다. 예상은 빗나갔다. 영양사 자격을 취득하기 위해 적성에도 맞지 않는 공부를 하느라 끔찍한 시간을 보냈었다.

첫 직장은 수원에 있는 회사식당 영양사였다. 어린애처럼 개성만 찾았다간 인생을 망칠 것 같아 취업의 대열에 뛰어들었다. 1년 후, 용인에 있는 정신병원으로 직장을 옮겼다. 그리고 6개월 후, 송파에 있는 복지센터의 구내식당으로 자리를 옮겼다. 거기서 5개월을 버티지 못하고 결국 직장생활을 포기했다. 직장은 학교생활의 연속이었다. 규율 안에 통제된 생활을 버텨낼 재간이 없었다.

직장을 때려치웠으니 당장 돈벌이를 해야 했다. 나는 스스로를 객관적으로 돌아볼 시간이 필요하단 생각을 했다. 무엇을 하든 내가 나를 잘 알지 못하고서는 안 될 것 같았다. 나는 나를 열거해보았다.

개성 넘침, 세련됨, 붙임성이 좋음, 꼼꼼함, 철학서를 즐겨 읽음, 꾸

잠깐 생각 좀 하고 가겠습니다

미기를 좋아함, 소품수집이 취미, 아기자기한 것을 좋아함, 일본 애니메이션을 좋아함, 자율적인 인간임, 사진 찍기를 좋아함, 일을 시작하면 마무리를 지어야 함….

이렇게 적어놓고 보니 생각보다 난 괜찮은 사람이란 생각이 들었다. 하늘 끝이 보이지 않는 청명한 가을날, 나는 아기자기한 일본 소품 쇼핑몰을 해보기로 결정했다. 소품 쇼핑몰은 내가 할 수 있고, 잘할 수 있는 일이란 생각이 들었다.

예쁜 포장지와 개성 넘치는 스티커를 제작하고 그 길로 국제시장에 뛰어가 특유의 서글서글한 성격과 입담으로 거래처를 만들었다. 역시나 공부보다는 패션이 내겐 제격이었다. 모든 일이 계획대로 되진 않았지만 좌충우돌하는 사이 배운 것도 많았다. 그렇게 보낸 삼개월 동안 온전히 나로 사는 해방감을 맛보았다.

나는 스스로 쇼핑몰 사장이 됐다. '칸트'는 행복하기 위해서는 사랑하는 사람과 매일 해야 할 일 그리고 희망이 필요하다고 했다. 사랑스런 고객, 매일 들어오는 주문과 발송, 성공해보리라는 희망의 삼박자가 나를 춤추게 했다.

나는 지금이 좋다. 대학을 졸업하고 끼워 맞춘 길을 걸어도 봤다. 먼 길을 돌아온 듯 싶었지만 결코 그렇지 않다는 걸 안다. 이제 시작이다. 시작해보고 나서야 알았다. 시작이란 말 자체가 젊다는 뜻이라는 것을. 시작은 언제나 빠른 것이다.

"당신의 장점을 열거해보세요.
무엇이든 좋습니다. 잘하는 것, 좋아하는 것,
남들로부터 자주 듣는 칭찬.
당신을 알아보세요."

잠깐 생각 좀 하고 가겠습니다

# #6 워라밸 세대

## 당신은 무엇을 할 때
## 행복을 느낍니까?

"전 겉모습만 신경 쓰는 사람에게는 기대할 것이 없다고 생각해요. 가진 것도 없으면서 명품만 사대는 사람들을 이해할 수 없어요. 그런 취향은 아니시죠?"

소개팅으로 만난 이 남자, 처음 만난 여자 앞에서 한다는 소리가 센스 넘친다.

"이제 사회생활을 시작하면서 분수에 맞지 않는 생활을 하는 건 아닌 것 같아요. 어디까지나 제 생각일 뿐이니까 기분 나쁘게 듣진 마시고요."

이 남자 보자보자 하니까 인내의 한계선을 자꾸 넘는다.

"아, 아주 멋진 분이시네요. 겉모습에 전혀 신경 쓰지 않은 모습에,

명품의 품격과는 아주 거리가 멀어 보이는 데는 이유가 있었네요. 멀리서 보는데 백순지 알았지 뭐예요. 그런데 어쩌죠. 전 명품도 좋아하고, 그 정도 소비할 능력도 있는데. 아쉽지만 그쪽 수준에 제가 도저히 맞추기 어렵겠어요. 너무 아쉽네요. 요즘 세상에 이런 분 만나기 정말 쉽지 않은데. 다음에 뵙겠습니다. 참, 커피 잘 마셨습니다. 겉모습만 신경 쓰다 보니 지갑 가져오는 걸 깜빡해서요."

남자의 얼굴은 말을 끝마치기도 전에 이미 벌겋게 달아올라 있었다.

잠깐 생각 좀 하고 가겠습니다

1986년에 출간된 무라카미 하루키의 수필집 《랑겔한스섬의 오후》 중에 최근 회자되는 말이 있다.

'소확행.' 갓 구운 빵을 손으로 찢어 먹을 때나 서랍 안에 반듯하게 정리되어 있는 속옷을 볼 때 느끼는 행복과 같이 바쁜 일상에서 느끼는 작은 행복을 일컫는 말의 대명사가 바로 '소확행'이다. 이와 유사한 개념으로는 스웨덴의 라곰lagom, 프랑스의 오캄au calme, 덴마크의 휘게hygge 등이 있다.

최근 청년들의 소비 행태를 보면 과거와 많은 차이가 있다. 1인가구가 늘어나면서 먼 미래에 대한 투자보다는 자기 자신에게 좀 더 집중하는 삶을 추구하는 행태를 보인다. 이러한 세대를 워라밸work life balance 세대라고 부른다. 맹목적으로 명품에 목을 매는 것이 아니라, 원하는 것을 갖기 위해 합리적으로 삶을 계획하고 목표를 획득해가는 과정 자체를 즐기면서 나만의 공간을 만들어가는 소소한 행복감을 추구하는 것이다.

어떤 관점으로 보느냐에 따라 세상은 달리 보인다.

"자기 자신을 위한 공간을 만들어보세요.
모든 연결을 차단하고, 회복과 모색을 위한
나만의 공간이 당신의 삶을 보다 풍요롭게
만들 겁니다."

잠깐 생각 좀 하고 가겠습니다

# #7 JUST DO IT!

**하는 사람과 하지 않는 사람의
차이는 무엇일까요?**

대학교에 입학하기만 하면 인생이 순조로울 것으로 생각했다. 4월의 교정을 누비며 자유를 만끽하는 모습을 상상만 해도 행복했다. 시간은 쏜살처럼 흘렀고 나는 졸업을 한 해 남겨둔 3학년이 되었다. 그동안 무엇을 한 것일까. 3학년이란 것 외에 내가 남긴 것이라고는 불어난 살과 주량 정도.

룸메이트 정애는 나와 달랐다. 그녀에게는 일이 늘 넘쳤다. 학기 내내 공모전을 준비하느라 밤샘하는 것이 일상이었다. 그렇다고 성적이 딱히 좋았던 건 아니었다. 당선확률을 놓고 보면 1~200대 1 이상의 치열한 경쟁인데, 나로서는 엄두도 내지 못할 일이었다. 솔직히 성적만 놓고 보면 노력에 비해 신통치 않아서 내심 쓸데없는 짓이라는 생각도 들었다.

정애는 이번에도 낙선했다. 당연히 실망하는 기색이 역력했다. 그런데 하루이틀 지나고 나면 또 언제 그랬냐는 듯 표정이 밝아져 있다.

수업을 마치고 오니 정애는 또 무언가를 열심히 적고 있었다.

"또 뭘 준비해?"

"뭐, 해보는 거야. 취업에도 도움되고 뭐라도 해보는 게 좋잖아. 비싼 등록금 내고 어영부영하다간 금방 졸업이야."

그녀의 마지막 말이 오늘따라 목에 걸린 가시처럼 불편했다. 나를 두고 하는 말처럼 들렸다.

「필리핀 교비 어학연수생 모집」

대　상 : 전 재학생

지원자격 : 학점 3.8 이상. 토익 700점 이상

지원방법 : 신청서 작성 후 제출

※해외여행에 결격사유가 없는 자

잠깐 생각 좀 하고 가겠습니다

학과사무실을 지나는데 벽에 붙은 어학연수생 선발공지가 눈에 들어왔다. 순간 정애의 말이 머릿속에 메아리처럼 들려왔다.

'어영부영하다간 졸업이야.'

나는 핸드폰을 꺼내 공고문을 찍어두었다. 그냥 지나치자니 마음이 찜찜했다.

방으로 들어오자마자 침대에 몸을 던졌다. 부드러운 쿠션 위에서 스르르 녹아내리며 스며드는 나른함. 나는 이 달콤한 게으름을 좋아했다. 침대에 누워 이리저리 액정 화면을 넘겨보던 중 문득 아까 찍어두었던 공고가 생각났다.

'필리핀이라… 한번 지원해볼까?'

지원자격도 까다롭지 않았고 성적도 합격 언저리에 있으니 될지도 모른다는 생각을 했다.

노트북을 켜고 지원항목을 채워넣기 시작하는 순간 '잘할 수 있을까?', '외국 생활은 처음인데'라는 작은 불안감이 들기 시작했다. 불씨는 이내 가지 말아야 할 이유를 만들었고, 불안은 삽시간 번져 갈 수 없는 이유들로 열거되기 시작했다. 결론은 노트북의 전원을 끄는 것으로 마무리되었다. 나는 다시 침대 이불을 비집고 들어가 그대로 잠이 들었다.

"은아야, 은아야. 얼른 일어나봐!"

몸을 흔들며 깨우는 목소리에 눈을 뜨니 상기된 정애의 얼굴이 눈앞에 있었다.

"너 이거 지원해봐."

아까 본 어학연수 참가자 모집 공고였다.

"안 그래도 아까 봤어. 졸린데 겨우 이것 때문에 깨운 거야?"

정애는 막무가내였다.

"그래도 한번 써봐. 밑져야 본전 아니겠어?"

경쟁률이 치열해서 합격은 어려울 것이라 생각했지만 정애는 막무가내였다. 결국 그녀의 도움을 받아가며 신청서를 작성했다. 그리고 '클릭'.

며칠 후 '우웅' 하며 핸드폰 알림이 울렸다. 문자를 열어보니 이렇게 쓰여 있었다.


「필리핀 어학연수 합격하셨습니다.

10월 28일 15:00에 숭리관 201호에서 참가자 오리엔테이션 있으니

한 분도 빠짐없이 참석바랍니다.」


한동안 멍하니 문자를 바라봤다.

잠깐 생각 좀 하고 가겠습니다

'뭐지? 나 된 거야?'

기쁘면서도 왠지 모를 허탈함이 들었다.

난 왜 안 된다고만 생각했을까. 왜 해보려고 생각하지 않았을까. 대단한 성취는 아니지만 지금의 내 힘만으로도 할 수 있는 일들이 있는데 난 왜 할 수 없다고만 생각했을까. 정애의 다그침이 아니었으면 이 시간에도 난 침대 위를 뒹굴거리고 있었겠지. 할 수 있는 일을 하는 것만으로 기회를 만들 수 있는데 말이지.

"크든 작든 성취의 기쁨은 다르지 않습니다.
큰 일이든 작은 일이든 성공의 원리 역시 다르지 않습니다.
작은 승리를 반복하세요.
할 수 있는 일을 하세요."

# #8 노량진을 떠날 수 있을까

> **자신을 극복하는
> 방법이 있습니까?**

취업실패로 인해 찾아간 곳이 노량진 고시촌이었다. 그곳은 소리 없는 전쟁터였다. 간신히 누울 수 있는 침대와 책상 하나가 전부인 고시원. 그리고 여름이면 수백 명이 뿜어내는 땀 냄새가 진동하는 강의실. 무엇 하나 편한 것이 없었지만 달리 허락된 길이 보이진 않았다.

'불합격'

오늘 난 네 번째 통보를 받았다.

'172:1'

결국 이번에도 172명 중 한 명이 되지 못했다. 머릿속이 아득했다. 할 수만 있다면 세상에서 사라지고 싶었다. 난 왜 이곳에 왔을까. 아

잠깐 생각 좀 하고 가겠습니다

침부터 밤까지 치열한 전쟁터이긴 해도, 동업자 의식이랄까, 비슷한 처지의 인간들끼리 모여 있는 이곳이 바깥세상보단 오히려 위로가 됐다. 불합격 소식을 들으면 빌딩에서 뛰어내리고 싶은 기분이 들지만, 떨어진 사람들끼리 뭉친 한밤중 호프집에서의 한잔이 그날 하루를 겨우 살게 한다.

난 어떻게 살아야 할까.

아버지 어머니 동생을 떠올리면 미안해서 이제는 내려갈 수도 없을 것 같다.

노량진을 떠날 수 있을까.

"내가 바뀌려면 환경을 바꾸어야 합니다. 단지 그것만으로도 당신은 새로운 기회와 마주할 수 있습니다."

# #9 비결은 시간을 쌓는 것

## 번번이 중도에 포기하는
## 이유는 무엇입니까?

모든 벽 속에는 보이지 않는 문이 존재한다. 벽이란 것은 경계를 의미하니까. 경계는 공간을 나누는 개념이다. 따라서 벽이 있다는 것은 그 너머에 다른 가능성이 존재한다는 의미로 해석할 수 있다.

삶이 고된 것은 우리 인생에 애초부터 벽이 존재할 뿐 문이란 것이 없기 때문이다. 여러분은 문을 찾지만 번번이 실패하게 될 것이다. 대학을 졸업하면 문이 있을 것 같지만 벽이 있다. 좋은 직장에 들어가면 문이 있을 것 같지만 역시나 벽으로 가로막혀 있다.

애초에 문이 없다고 생각하면 '어디로 들어갈 것인가?' 하며 문을 찾는 고민을 하지 않는다. 자연히 질문이 바뀐다. '어떻게 문을 낼 것인가?' 문을 찾는 것보다 문을 내는 작업이 힘이 든다. 그러나 오로지 나아갈 방법은 직접 문을 내는 길밖에 없다는 생각을 하게 되면 못해낼 일도 아니다.

올해로 마흔한 살이 된 나는 5년 전 글을 쓰기 시작했다. 앞으로 남은 시간은 글을 쓰면서 살고 싶었다. '작가'라는 꿈은 마흔을 앞둔 나에게는 다소 허황된 꿈이기도 했다. 회사생활과 병행해가면서 글을 쓴다는 것이 쉬운 일은 아니었다. 낙숫물이 바위를 뚫는다는 말이 있다. 요즘 들어 그 말의 위대함을 절감한다. 매일 십 분, 삼십 분씩 짧은 시간이지만 하루도 쉬지 않고 글을 썼다.

원고가 한 장 한 장 쌓여가면서 깨달은 것이 있다. 노력은 정직하다는 것이다. 쓴 만큼 쌓여가는 원고를 보면서 '언젠가는 되겠지'란 생각을 하게 되었다. 무리하지 않고 할 수 있는 범위 안에서의 노력만으로도 시간이 쌓이니 책이 나온다. 어느 날, 작가님이라고 부르는 독자의 부름에 나의 사회적 정의가 하나 더 생겼다는 것을 알게 되었다. 돌아보니 나는 이미 '작가'가 되어 있었다.

"미래를 계획할 때는 하루도 쉬지 않고 지속할 수 있는 계획을 세우시길 바랍니다."

# #10 시도하기 전까진
# 아무것도 알 수 없다

Question Box

## 생각만 하다가 기회를
## 놓친 적은 없습니까?

청년들과 얘기를 나누다 보면 진정 좋아하는 일을 하고 싶다는 얘기를 듣는다. 그런 말을 들으면 '이 녀석 앞으로 고생 좀 하겠다'는 생각이 든다. '진정 좋아하는 일'이란 시기적으로 아직 해보지 않은 일이다. 따라서 진정 좋아하는 일이라는 사실을 알기 전까지 이 일이 진정 좋아할 일인지 아닌지 알 수 없다는 얘기가 된다.

"네게 '진정 좋아하는 일'이 대체 뭐니?"라고 물으면 당연히 "글쎄요"라는 얘기가 나올 수밖에 없다. 그렇다면 진정 좋아하는 일을 어떻게 찾을 것인가를 고민하는 것이 올바른 방향일 것이다. 방법은 한 가지뿐이다. 당장 내가 할 수 있는 일부터 시작한다는 것이다. '진정 좋아하는 일'은 해보기 전에는 알지 못하므로 내가 할 수 있는 일

잠깐 생각 좀 하고 가겠습니다

또한 진정 좋아하는 일이 될지 모르기 때문이다.

독서량이 쌓이다 보면 지식의 길이 결국 하나로 모인다는 것을 알수 있다. 지식은 쌓이면 쌓일수록 상호연관성을 찾아내고 그 안에서 새롭게 편집한 지식을 만들어낸다. 경험적 지식 또한 다르지 않다. 어떤 일이든 배움이 있고, 배움이 쌓이고 연결되면 삶의 지혜를 탄생시키는 법이다. 완벽한 상태를 추구하지 마라. 그래서는 한 걸음도 나아갈 수가 없다. 〈아비정전〉으로 유명한 영화감독 왕가위는 다음과 같은 말을 했다.

"무언가를 시작하기에 충분할 만큼 완벽한 때라는 것은 없다."

나는 왕 감독의 말에 공감한다. 읽지 않고서는 이해할 수 없고, 행동하기 전에는 배움이 없다. 완벽을 추구하느라 시간과 기회를 놓치기보다는 일단 할 수 있는 것을 해가는 과정에서 터득하는 배움이 더 크다고 믿는다. 시도하기 전에 우리가 무엇을 이루어낼지는 아무도 모른다.

> "무언가를 시작하기에 충분할 만큼 완벽한 때라는 것은 없습니다."

# #11 당신의 선택은

## 필요한 것과 원하는 것 중
## 당신의 선택은 무엇입니까?

필요한 것과 원하는 것을 구별할 줄 알아야 한다. '둘 중 어느 쪽을 선택하겠습니까?' 하고 물어보면 대개 원하는 것을 하는 것이 좋겠다고 한다. 그런데 가만히 생각해보면 그렇지가 않다. 필요한 것은 말 그대로 꼭 있어야 할 것이지만, 원하는 것 중에서는 불필요한 것도 있기 때문이다. 원하는 것은 반드시 이루어야 직성이 풀리는 사람은 그것을 손에 넣기 전까지 잠을 이루지 못한다.

취업준비를 위한 스펙이란 것들을 보면, 필요한 것이 아니라 원하는 것이란 생각이 든다. '아닙니다. 졸업을 위해선 꼭 필요한 것들입니다'라고 이야기할지 모르겠지만 내 생각은 좀 다르다. 자기소개서를 곧이곧대로 믿어줄 면접관은 없다. 친한 후배 중 변호사가 있다.

잠깐 생각 좀 하고 가겠습니다

그 친구 이야기를 듣고 배를 잡고 웃었던 기억이 있다.

"판사가 제일 못 믿는 사람이 누군지 아십니까? 변호삽니다."

취업용 스펙을 면접관이 모를 리 없다. 그러니 남들을 쫓아서 찍어내듯 채워넣은 스펙은 '필요했던 것'이 아니라 '원했던 것'이다. 갈 길이 바쁜 청년들에게 기본에 충실하란 말이 얼마나 먹힐지 모르겠지만, 결국 내가 할 수 있는 얘기는 처음으로 돌아갈 수밖에 없다.

영어를 공부하는 이유가 점수에 있다면 '스펙', 즉 '원하는 것'이고, 보다 넓고 방대한 자료에 대한 접근이라면 그것은 학문을 위해 반드시 '필요한 것'이다. 세상을 조금 더 살아보면 '공짜는 없다'라는 진리를 마주하게 된다. 정말 그렇다. 무엇을 구하느냐에 따라 얻는 것이 달라진다. 점수를 구하면 점수를 얻을 것이고, 지혜를 구한다면 '언어'를 얻을 것이다. 같은 시간을 쓰더라도 구하는 태도에 따라 한 인간의 삶의 결이 달라지는 법이다.

"필요한 것과 원하는 것은 엄연히 다릅니다.
불필요한 것을 선택하지 않는 것만으로도
우리 삶은 건강한 성장을 할 수 있습니다."

# #12 롤러코스터의 법칙

지나가지 않을 것 같던
고난의 순간은 언제였나요?

사람은 결국 사랑을 먹고 산다.

_톨스토이

영화의 반전은 극 중 재미를 더해준다. 주인공의 불행이 예상되는 순
간, 상황을 뒤집는 사건을 마주하는 순간, 관객은 일종의 카타르시
스를 느낀다. 인생은 누구도 피해갈 수 없는 교차 곡선을 그린다. 좋
은 일이 있으면 나쁜 일도 일어난다. 뒤에 첨부한 표를 이용해서 당
신의 지난 인생 곡선을 그려보자.

분명 시기별로 하향 곡선을 그리는 때가 있을 것이고, 상향 곡선
을 그리는 때도 있을 것이다. 곡선의 변곡점이 바로 인생의 방향을

잠깐 생각 좀 하고 가겠습니다

바꾼 사건발생 지점인 셈이다. 당신은 지금까지 작든 크든 많은 변곡점을 지나왔다. 누구나 위기를 극복하는 회복탄력성을 가지고 있다.

당신의 인생 곡선에서 최저점을 찍고 올라가던 때를 생각해보자. 인생의 방향이 바뀔 때는 반드시 사건(긍정적, 부정적 사건 모두를 일컫는다)이 일어난다. 사건에는 기본적인 구성요소가 있다. 인물, 배경, 갈등이 그것이다. 비상하는 그래프이건 추락하는 그래프이건 사람은 사람에 의해 가장 큰 영향을 받는다.

당신의 삶은 혼자서 만든 것이 아니다. 일어나는 순간부터 잠이 드는 순간까지 당신이 만나는 모든 사람들이 직간접적으로 당신에게 영향을 미친다. 그리고 반드시 그들 사이에서 사건이 벌어진다. 상호관계는 인생 곡선에 절대적인 영향을 미친다. 엎치락뒤치락 인간관계는 불안전하다. 그래서 인생 곡선 또한 롤러코스터인 것이다. 떨어지면 반드시 올라온다.

나는 이것을 '롤러코스터의 법칙'이라 부른다.

"인생 곡선 표: 가로축은 나이입니다.
해당 나이에 주요 사건을 적고 점수를 매겨
보세요."

```
+5 |
+4 |
+3 |
+2 |
+1 |
----+--------------------------------------------------------------
    |  3  6  9  12  15  18  21  24  27  30  33  36  39  42  45  48  51
-1  |
-2  |
-3  |
-4  |
-5  |
```

잠깐 생각 좀 하고 가겠습니다

# #13 당신의 '글쎄'

## 피하고 싶은
## 질문은 무엇입니까?

"졸업하면 뭐 할 거예요?"

"글쎄…"

"우문현답이네, 맞아요. 답이 있었으면 대학에 왔겠어요?"

"무슨 말이야?"

"고등학교 3학년 때, 엄마가 느닷없이 묻더라고요. 전공은 뭐 할 거냐
고. '글쎄…'라고 했더니 일단 대학이나 가라고 하대요."

생각해보니 그랬다. 글쎄…라….

'글쎄'란 모호한 대답은 달리 생각하면 피하고 싶은 질문을 받았
을 때 적당히 둘러댈 수 있는 최선의 답일지 모르겠다.

"인생은 확실하지 않다는 것만이 확실합니다. 피하고 싶은 질문에 직면할 수 있을 때 우리는 성장합니다. '당신의 글쎄'를 찾아보세요."

잠깐 생각 좀 하고 가겠습니다

# 4장

# 내면에
# 관하여

# #1 내게도 봄이 오면 좋겠다

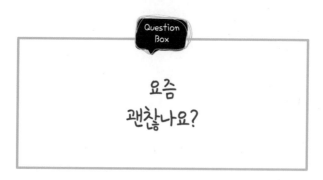

Question Box

요즘
괜찮나요?

문밖 은행나무 가지를 뚫고 연둣빛 싹이 얼굴을 내밀었다. 어제까지
만 해도 앙상했던 가지에 봄은 순식간에 찾아왔다. 지하 방에도 가
끔 지상의 틈을 비집고 가는 빛이 들어온다. 물론 동이 트는 잠깐뿐
이지만.

스물아홉, 난 취업준비를 하면서 주야로 아르바이트를 하고 있다.
졸업까지 했는데 부모님께 손을 벌릴 염치도 없고 해서 일을 시작했
는데 이 방에서 두 번째 봄을 맞게 될지는 몰랐다. 서른을 앞둔 이십
대의 마지막을 끝으로 이 방을 떠나고 싶다. 가끔 시험에 떨어지는
악몽을 꾼다. 앞으로 펼쳐질 내 미래를 생각하다 보면 눈을 감게 된
다. 감이 오질 않아서. 지금도 이렇게 힘겨운데 십 년 후, 이십 년 후

잠깐 생각 좀 하고 가겠습니다

라니….

어둔 방 안에 있다 보면 낮과 밤이 사라진다. 마치 삶과 죽음의 어느 경계선에 걸쳐진 것 같은 기분이 들 때가 있다. 새벽일을 마치고 돌아와 잠을 자다 깨면 더 당황스럽다. 몽롱한 의식 속에 오늘이 며칠인지 지금이 몇 시인지 감이 없어 허우적대다가 가끔 운다. 아무도 없는 적막한 이 공간에 홀로 버려진 기분이 들면 혼자서 견뎌내기가 힘들다. 두렵고, 외롭고, 슬픈 이 감정들이 뒤섞여 감당하기 어려운 상태로 휩쓸려버린다.

20년 뒤 내 모습을 묻기에 웃어버렸다. 지금의 나를 보면 감히 그먼 훗날의 나를 그려봐도 될까 하는 생각마저 든다.

'그때의 내가 올까?'

때가 되면 봄이 온다. 그 봄볕 한번쯤은 내 인생에도 비춰주면 좋겠다. 낮에도 어둔 적막한 내 방에도….

"칠흑 같은 어둠이 내리면 사방이 고요해집니다. 그때, 나의 감정을 들여다보세요.
그러면 어느새 어슴푸레한 날이 밝아옴을 느낄 수 있습니다.
괜찮아요. 태양이 뜨지 않는 날은 단 하루도 없었습니다."

# #2 라오스에서의 세 달

익숙한 것과의 결별을
한 적이 있나요?

'마구잡이로 잘라버리고 싶다.'

고객의 머리카락을 만지다 불현듯 든 생각에 소스라치게 놀라 손에
든 가위를 던져버렸다. 그것이 마지막이었다. 그 후로 가위를 들 수
없었다.

'그만둘까?'

나는 곧바로 사직서를 냈고 십 년을 근무한 미용실을 떠났다. 미
용사로서의 경력이 단절되는 순간이었다. 나의 방황은 비행기로 네
시간 거리의 라오스에 정착했다. 그곳은 사람과 동물이 한 길을 공
유하는 낯선 세상이었다. 자동차가 드문 거리에는 사람과 자전거,
동물들이 그들만의 질서를 유지하고 있었다.

잠깐 생각 좀 하고 가겠습니다

도착 후 2주 동안은 잠만 잤다. 한번은 눈을 떴더니 작은 도마뱀 한 마리가 볼 위를 기어오르고 있어 기겁을 했지만 얼마 지나지 않아 도마뱀은 친숙한 이웃이 되었다.

십 년간 일에 갇혀 지내는 동안 어쩌면 라오스의 낯섦을 동경해왔는지 모른다. 그렇다고는 해도 이렇게 대책 없이 떠나오리라고는 스스로도 생각지 못했다. '낯섦'을 쫓아온 이곳에는 전에 느껴본 적 없던 '설렘'이 있었다. 떠날 동기가 생길 때까지 나는 아무것도 생각하지 않으리라 생각했다. 무엇을 계획하려 애쓰지도 않았다. 그렇게 꼬박 삼 개월을 보냈다. 그러고는 짐을 쌌다.

비우고 비워낸 뒤 마음에 바람이 일었다. 지난 십 년간 손에 들었던 가위질이 그리웠다. 라오스를 떠나올 때처럼, 내가 있던 그 자리가 그리웠다. 나는 다시 일할 동력을 회복했다. 그렇게 난 다시 서울로 돌아왔다.

"쉼은 일보다 중요합니다.
당신은 익숙한 일상으로부터 떠나온 적이 있
나요?
그러지 못했다면 이유가 무엇일까요?"

잠깐 생각 좀 하고 가겠습니다

# #3 고요에 배움이 있다

## 당신은 어떻게
## 배움을 얻습니까?

요즘처럼 지식이 넘쳐나는 시대가 있었을까. 지식의 부가가치가 '0'인 시대가 됐다. 앉은 자리에서 인터넷만 검색해도 무료 강연이 넘친다. 배움이 고픈 것인지, 소위 비법이란 것이 갈급한 것인지 이제 퇴근길 강연장을 찾는 사람들의 일상이 그리 낯선 풍경이 아니다.

공부를 하다 보면 누구누구를 가르치고 듣는 것만이 배움은 아니라는 사실을 깨닫게 된다. 오히려 들어서 배움에 방해를 받을 때가 있다.

나는 강연을 찾아다니기보다는 혼자 공부하는 것을 즐긴다. 책을 읽을 때는 꼭 기록을 같이 한다. 간혹 모르는 말이나, 들어보지 못한 사건, 지명을 만나게 될 때는 '이런 게 있었네' 하고 낯선 지점을 노트

안에 차곡차곡 정리해둔다.

배움에 있어서만큼은 자기 스스로 스승이 되어야 하지 않을까. 살다 보니 경험하지 못하고 깨닫는 것은 없다는 것을 알게 되었다. 몸을 쓰든지, 머리를 쓰든지 내가 하지 않고서는 알 수 없는 것이 배움이다.

나는 학생이기도 하고, 스승이기도 하다. 내가 질문하고 그 질문에 대답하기 위해 내가 공부하는 과정을 배움이라 정의해도 좋을 것이다. 그러기 위해서는 자기를 삶에 끌려다니게 해서는 안 된다. 어디에 있건 주인이 되어야 한다. 강연가의 이야기를 듣다 보니 정신없이 한 시간이 지날 정도로 재미는 있었는데, 유익하진 않았다. 삶의 성찰은 재미에 있는 것이 아니라 사건을 극복한 삶의 변곡점에서 만나는 것이다. 강연장을 빠져나오다 들은 어느 아주머니의 말이 기억에 남는다.

'재미는 있는데, 남는 게 없다.'

공부를 하기 위해서는 마음이 고요해야 한다. 그 고요에 배움이 있다.

잠깐 생각 좀 하고 가겠습니다

"밖으로만 시선이 쏠리면, 안이 텅텅 비어버리게 됩니다. 안이 비면 중심을 잃고 휩쓸리기 쉽습니다.
당신은 어떤 사람입니까?
자신을 정의한 적이 없다면 이 시간 '나는 누구인가'를 생각해보시기 바랍니다."

# #4 조건에는 답이 없다

## 당신에게 선택의 기준은
## 무엇인가요?

나는 수도권 대학 IT계열 4학년이고 나이는 서른이다. 스물네 살에 전역하고 늦깎이로 전문대에 들어가 스물여덟이 되어서야 학교를 졸업했다. 그후 4년제 대학으로 편입학하여 재학하게 되었다. 그러나 막상 졸업학기가 되자 교문을 벗어난 다음이 걱정되기 시작했다. IT 분야는 다른 직종과 달리 직업수명이 길지 않다. 취업을 생각하자니 나이가 걸리고, 대학원 진학을 생각하자니 부모님의 반대가 마음에 걸렸다.

고민 끝에 교수님께 상담을 신청하고 연구실을 찾았다. 가만히 얘기만 듣고 있던 교수님의 첫마디는 다음과 같았다.

"조건은 답이 아니야."

잠깐 생각 좀 하고 가겠습니다

무슨 뜻에서 하신 말씀인지 감이 오지 않았다.

"자네는 두 가지 선택의 기로에 서 있네. 그렇지?"

"네."

"그럼 현재 시점에서 선택할 이유에 대해서 생각하는 게 옳지 않을까? 그러니까 취업이라면 어떤 분야에서 활약하고 싶은지를 고민해야 할 것이고, 진학이라면 앞으로 어떤 연구를 해갈 것인가를 고민해야 하지 않겠나? 그것이 지금 자네가 해야 하는 고민 아닐까. 취업을 하자니 나이가 걸리고, 진학을 하자니 부모가 걸린다는 말은 결국 먼 미래에 닥칠 일에 대해서 미리 결론 내고 있는 것이야. 자네는 시작도 하지 않았고, 아무것도 해놓은 것도 없어. 현재에서 미래를 결정해버릴 능력을 가진 사람은 없어. 내 말 이해하겠나? 이래서 안 되고 저래서 안 될 것 같은 조건들은 자네가 만들어놓은 불안에 불과해. 조건은 답이 될 수 없어. 결과가 답이지. 어떤 일이든 정점에 올라선다는 것은 나이와 조건을 초월하는 일이야. 그곳이 직장이건 연구실이건 상관이 있겠나."

연구실을 나오면서 생각이 복잡했다. 선택 이후의 조건에 집착해온 나를 아프게 꼬집는 것 같았다.

"조건은 답이 아닙니다."

잠깐 생각 좀 하고 가겠습니다

# #5 회사를 지우면 무엇이 남습니까?

나를 정의하고 있는
사회적 지위를 제외하고
자신을 정의해보세요

지금부터 하는 질문에 직관적으로 답해보길 바란다.

'당신의 이름은 무엇입니까?'

아마 답변에 오랜 시간이 걸리는 사람은 없을 것이다. 그럼 다음 질문은 어떤가.

'당신 삶의 목적은 무엇입니까?'

아마도 다수의 사람들은 대답을 하지 못했거나 적어도 대답에 머뭇거렸을 것이다. 왜 그럴까? 자신을 향한 위와 같은 질문에 익숙하지 않기 때문이다. 취업 후 신입사원 오리엔테이션에서 있었던 일이었다.

"사물을 예로 들어 자기 자신을 소개해보세요."

프로그램을 진행하는 강사가 던진 질문에 일순간 장내가 술렁거렸다. 서로 얼굴을 쳐다볼 뿐 다들 말하기를 주저하는 눈치다. 면접 때 자기소개를 준비한 이래 고민한 적이 없던 주제였다.

'나는 누구인가?'

이 질문에 명확히 답을 할 수 있어야, 나를 투영할 매개체를 찾을 수 있을 것이다. 오리엔테이션을 끝으로 나는 정신없는 신입시절을 보냈다. 물론 내가 누구인지 다시 고민해볼 여유가 있을 리 없었다.

어깨에 힘이 잔뜩 들어가 있던 신입은 빠르게 지나갔다. 입사 3년 차, 회사생활에 익숙해지면서 선배들이 그랬던 것처럼 나도 그들의 삶과 닮아가고 있었다. 외근을 핑계로 사우나를 찾았고, 돌아와서는 능숙히 업무일지를 창작하는 얄팍한 기술만 늘어갔다. 30인치 바지는 어느덧 34인치를 넘어섰다.

출근을 준비하던 아침, 멍하니 컴퓨터 앞에 앉은 아버지의 뒷모습이 눈에 들어왔다. 35년 동안 은행에서 근무하신 아버지는 정년퇴직을 앞두고 인생 2막을 준비하고 있었다. 하지만 막상 은퇴를 앞두게 되니 뭘 해야 할지 혼란스러워하시는 듯했다. 모니터 속에 깜박이는 커서를 보면서 은퇴 후 자신이 어떤 존재로 남게 될지 생각하고 있는지도 모른다. 아버지는 한참이나 그렇게 앉아 있었다.

"나이가 60이 다 됐는데, '나'를 뭐라고 해야 할지 모르겠어. 아무리 생각해봐도 은행 지점장으로서 아니면 니들 아빠로만 살아왔는

잠깐 생각 좀 하고 가겠습니다

데, 그걸 빼고 나니 내가 없어. 참 웃긴데, 명함을 내려놓으니 내가 할
줄 아는 게 없구나. 내가 니들을 위해 열심히 일했으니 이젠 네가 아
빠 용돈 챙겨야 한다."

장난 섞인 말투였지만 눈빛에는 서글픈 아쉬움이 언뜻 비쳤다.

아버지는 내가 걸어갈 길이었다. 안정된 직장에 괜찮은 보수. 그러
나 아버지는 걸어온 길의 끝에서 방황하고 계신다. 어떻게 받아들여
야 할지 순간 혼란스럽기도 했다.

출근길 아버지의 뒷모습이 내게 질문을 던진다.

'그래, 넌 어떻게 살 거니?'

'글쎄요…'라고밖에 달리 할 말이 없었다.

"자신에게 질문을 던지세요.
내가 누구인지를 스스로 묻는 것이야말로
나를 혁신하는 첫 걸음입니다."

# #6 루저

## 타인이 보았을 때 부러워할 만한 나의 장점은 무엇인가요?

"제발 동생만큼만 살아라!"

살면서 부모님께 제일 많이 들었던 말이다. 연이은 취업실패의 스물 후반, 죄책감은 무거운 돌덩이가 되어서 매일 나를 짓누르고 있었다.

자신에 대한 실망과 미움이 계속되던 그때, 그 언젠가 명절에 들었던 말이 떠올랐다.

"공부 못하면 빨리 기술이나 배우게 해. 언니, 그래도 동생은 공부를 잘하니까 절반은 성공했네. 큰애는 그냥 딴따라나 시켜. 그게 더 빠르겠다."

자녀들 모두 의사와 결혼을 앞두고 있는 친척이 말했다. 어머니의 수심 가득한 그날의 얼굴이 아직도 기억 속에 선명히 남아 있다.

잠깐 생각 좀 하고 가겠습니다

즉흥적인 성격을 가지고 있는 나와 달리 동생은 명문 대학교를 졸업하고 좋은 직장에 근무하고 있다. 그는 매사에 신중하고 조용한 성격을 가지고 있다. 서로의 상반된 성격에 부모님은 곧잘 둘의 성격을 비교하곤 하셨다.

'장남은 공부를 해야지.'

'장남인데 책임감이 왜 그렇게 없냐.'

학창시절을 거쳐 성인이 될 때까지 지겹도록 들어온 말이다. 오죽하면 차남이나 딸로 환생하는 꿈까지 꿨겠는가.

재수까지 해서 들어간 곳이 전문대였고, 졸업 후에 들어간 직장도 한 자리에 오래 붙어 있지를 못했다. 나이는 먹는데 정착하지 못하고 회사를 들락날락하는 모습에 부모님 속도 타들어가는 심정이셨으리라.


대학 수학능력시험을 치른 후 생각보다 낮게 나온 성적에 들어갈 대학이 없어 걱정만 늘어가는 날이 계속됐다. 점심 때까지 늘어지게 잠만 자던 어느 날, 아버지에게서 전화 한 통이 걸려왔다.

"여…보세요…."

전날 마신 술의 숙취 때문에 머리가 깨질 듯이 아팠다. 전화기 넘어 아버지의 쩌렁쩌렁한 목소리가 들려왔다.

"니 턱걸이 몇 개 하노?"

"예? 어떤 거요?"

"턱걸이 말이다. 턱걸이!"

"예? 웬 턱걸이요? 한 번도 해본 적이 없는데요?"

"내가 지금 OO대학교에 원서를 내러 왔는데 니 점수로는 인문계는 택도 없다고 한다. 차라리 체육대학 쪽으로 들어간 후에 전과를 해라! 아무튼 퍼뜩 해보고 바로 전화해라!"

전화를 끊고 멍하니 있던 나는 잠시 뒤 다 헤진 추리닝과 슬리퍼를 신고 한겨울의 동네 놀이터로 뛰어나갔다.

서둘러 내려간 나는 철봉 앞에 섰다. 고등학교 체력장 이후에 잡아본 적이 없는 철봉이었다. 심호흡을 한 뒤 뛰어올라 봉을 꽉 움켜쥐었다. 한겨울의 철봉은 얼음장같이 차가웠다. 그리고 있는 힘껏 당기며 숫자를 외쳤다.

"하으나으씨!"

털썩……

'이런 씨…'

한 개가 한계였다. 슬리퍼를 딱딱거리며 집으로 달려온 후 아버지께 전화를 드렸다.

"아버지!"

"그래! 몇 개 했노?"

"한 개가 한계입니다!"

"에라이씨, 나가 디지라!"라고 말씀하시곤 일방적으로 전화가 끊겼다. 폭풍 같은 시간이 지나간 후 멍해진 나는 한동안 미동도 않고 방 안에 앉아 있었다.

고개를 돌려보니 머리 기름이 번지르르하게 번져 있는 우중충한 청년이 거울 속에서 안쓰럽다는 듯 쳐다보고 있었다. 그제야 슬리퍼를 신고 방까지 달려왔다는 사실을 깨달았다. 발가락 사이에 낀 차가운 모래들을 털어내는 나 자신이 한심했다. 이후 며칠을 고심 끝에 부모님께 재수하겠다는 말씀을 드렸다.

"아버지, 재수하겠습니다. 재수해서 서울에 있는 대학을 가겠습니다. 한번 믿어주십쇼!"

생각해보면 시간을 벌고자 했던 변명이었다. 내 말을 들으신 아버지는 재수는 시켜주겠으나 결심을 믿지 못하겠으니 기숙형 학원을 들어가라는 조건부 허락을 해주셨다.

눈보라가 앞이 안 보일 정도로 몰아치던 한겨울, 부모님과 함께 강원도 산기슭에 위치한 한 재수 전문학원으로 떠났다.

내비게이션의 안내가 끊어지고도 한참을 위태위태하게 올라가니 산 정상에 있는 한 건물이 뿌옇게 보이기 시작했다. 'OO학원'이라고 적힌 을씨년스러운 쇠로 된 팻말이 보였고 무정해 보이는 담당자를 만났다. 우리 일행은 교실을 둘러보기 시작했다. 교실의 문에 왜 창살이 있는지… 이윽고 이어진 상담에서 선생님은 말씀을 이어나갔다.

"이곳에 들어오면 철저히 통제된 생활을 하게 됩니다. 외출은 한 달에 한 번만 가능합니다. 확실히 성적은 오를 수밖에 없습니다. 다만 저희는 일정 성적 이상의 학생을 입학시키고 있는데 아드님의 수능 성적으로는 입학이 어렵습니다."

그 말을 들은 아버지는 학원이 성적을 올리려고 오는 것인데 그것마저도 커트라인을 두면 어떡하느냐고 노발대발하셨고, 어머니는 옆에서 그래도 입학을 시켜달라 사정 아닌 사정을 하시는 광경이 펼쳐졌다. 세상에서 내가 가장 쓸모없는 사람처럼 느껴졌다.

공부 못하는 것도 서러운데 그렇게 눈이 쏟아지는 날에 그 먼 거리를 운전하고 온 대가가 그렇다는 현실이 너무도 참담했다. 돌아오는 길에 아버지는,

"그래, 집에서 너무 멀리 가는 것도 안 좋다. 근처 학원에 들어가서 1년간 준비해라"라고 짧은 말을 남기시곤 돌아오는 두 시간 내내 한마디도 하지 않으셨다.

종합학원에 등록하고 재수생활을 시작했다. 재수생활 초기에 기세는 하늘을 찔렀다. 하지만 나의 의지력은 불어온 봄바람에 흔들렸고 여름의 무더위에 굴복했으며 가을의 고독함에 빠져들었다. 결국 난 그해 전년도보다 더 떨어진 점수로 4년제 대학 중에 갈 곳이 없다는 진단을 받고 전문대학 영어과로 입학을 했다.

'루저'

잠깐 생각 좀 하고 가겠습니다

'패배자'

그 이상도, 그 이하도 아니었다. 난 인생의 패배자였다. 대입에 실패했으며 부모님께 지워지지 않는 상처를 안겨드렸다는 죄책감이 마음을 더욱 무겁게 만들었다.

이후 루저라는 패배감을 극복하는 데 15년이 걸렸다. 최근까지도 이 말은 가슴 속 깊은 곳에 응어리져서 괴롭혔다.

하지만 돌이켜 생각을 해봤을 때 나라는 사람은 그 존재만으로 충분히 존중받을 자격이 있었다. '열등감'이라는 단어는 타인에 의해 만들어진 나의 자괴감에 지나지 않았다. 모든 일에는 인과관계가 있다. 루저라는 내 삶의 기간이 있었기에 그것을 경험 삼아 나는 더욱 나라는 사람에 대해 생각하고 매진할 수 있는 기회를 얻었다. 그 시간들에 지금 매우 감사한다.

"열등은 스스로 타인과의 비교를 통해 만들어낸 하나의 허상에 불과합니다.
언제까지 남의 인스타그램을 부러워하며 살 것인가요?
자신의 삶에 주체가 되세요.
선택의 주인이 되세요.
스스로 하는 인간은 존재 자체만으로 아름답습니다."

잠깐 생각 좀 하고 가겠습니다

# #7 잘하는 게 없어요

당신의 단점을
어떻게 관리하고 계십니까?

잘하는 게 없다. 전문대도 후보로 들어갈 정도로 성적이 좋지 않았고, 운동신경도 없다. 모임에서 축구를 하는 게 제일 싫었다. 그 자리에 여자들이 섞여 있으면 유독 어설픈 헛발질을 해대는 나 자신이 부끄러워 고개를 들 수 없을 지경이었다.

노래도 그림도 뭣하나 잘하는 게 없는 내 자존감은 늘 바닥을 쳤다. 졸업 후 몇 번의 취업실패와 조직 부적응을 겪는 동안 자연스럽게 사람을 피하게 됐고, 언젠가부터 방 안에서만 생활하게 되었다.

모두 잠든 밤과 아무도 깨지 않은 새벽 시간에만 방문을 열고 나왔다. 마치 존재하지 않은 사람처럼 늘 가족의 시선을 벗어난 사각지대에 머물렀다. 나는 존재하면서도 존재하지 않았다.

문득, 죽고 싶다는 생각이 들었다. 떨리는 손으로 자살카페를 뒤졌다. 죽겠다는 생각을 한 순간부터 '죽음'이란 운명이 카운트다운된 것 같았다. 위태로운 하루하루였다. 그러나 난 죽지 않았고 다시금 사회로 복귀할 수 있었다. 이름 모를 누군가의 댓글 덕분이었다.

힘든 시기를 보내면서 고민상담카페에 죽고 싶다는 글을 올렸다. 그리고 며칠 후 댓글 하나가 올라왔다.

"제 말이 어떤 위로가 될지 모르겠습니다. 그래서 조심스럽습니다. 저 역시 자살을 시도한 적이 있습니다. 아파트에서 뛰어내렸어요. 죽고 싶다는 그 심정 저도 압니다. 정신을 잃었다 깨어보니 병원이더군요. 죽진 않았지만 하반신 장애인이 되었습니다. 죽지 마세요. 죽다 살아보니, 살아있다는 게 얼마나 큰 축복인지 알게 되었습니다. 장애인이 되고 처음 1년은 괴로웠지만 다시 죽을 엄두는 나지 않더군요. 그때 신앙을 가지게 되었고, 사람은 누구나 쓰임이 있다는 사실을 알게 되었습니다. 지금은 장애인센터에서 일을 하고 있습니다. 제 경험담을 댓글을 통해 나누고 있어요. 몸은 불편해졌지만 지금은 전에 없던 행복을 느낍니다. 당신도 행복할 자격이 있습니다."

난 늘 스스로를 비하해왔다. 그의 댓글을 통해 나만 힘든 것이 아니라는 것과, 나보다 힘겹게 살아가는 사람이 있다는 것을 알았다. 그리고 이 사람처럼 자신의 불행을 극복해나가는 사람도 있었다. 하반신이 마비되었지만 오히려 희망을 갖게 되었다는 그의 생각과 태

잠깐 생각 좀 하고 가겠습니다

도가 놀라웠다. 댓글을 읽고 난 이후부터 강연을 찾아다니기 시작했다. 자기 삶을 극복해가는 사람들의 태도가 궁금했기 때문이다. 한 시간 남짓한 강연이었지만 감동과 충격은 상당했다. 삶을 극복한 사람들로부터 배운 것이라면, 삶은 애초부터 아름다운 것이 아니라 고난을 극복하는 과정을 통해 고유한 아름다움을 만든다는 것이었다. 고난이 아름다움의 근본이라는 것이다.

나는 못난 사람이지만 그 덕분에 아름다울 수 있음을 이젠 안다.

그래서 나는 이제 내가 고맙다.

"당신의 불만족스런 부분이 당신이 성장해 나갈 지점입니다. 당신의 단점을 사랑하세요."

# *#8* 잔액이 부족합니다

## 통장 잔고를 빼면
## 당신에게 남는 것은 무엇입니까?

"잔액이 부족합니다."

무안함에 현금을 찾는 척 가방을 뒤적거리며 버스에서 내렸다.

일을 마치고 미처 지우지 못한 화려하고 두꺼운 화장을 하고 버스정류장에서 고개를 숙인 채, 당장 집에 어찌 갈지에 대한 고민보다 앞으로 어떻게 살지에 대한 걱정으로 한동안 움직일 수 없었다.

어릴 적엔 노래하는 일이 좋았다. 두꺼운 화장에 화려한 드레스를 입고 무대에서 받는 사람들의 시선과 박수는 20대 초반의 나에겐 참 설레고 가슴 벅찬 일이었다. 보수가 얼마인지에 상관없이 마치 스타가 된 듯 무대에서 느끼는 그 기분 자체만으로도 충분했다. 그간 욕심에 자비로 해외공연도 하고 늦깎이 대학생으로 편입해서 4년제 대

학을 졸업한 후 늘어난 건 학자금 대출과 나이뿐이라는 생각에 더
억울하기만 하다.

"하… 어떻게 살지?"

나도 모르게 내리쉬는 한숨에 내뱉은 말과 함께 마스카라를 타고
검정 눈물이 흘렀다.

'취업이라도 해야 하나?'

생각이 여기까지 미쳤을 때 나는 이미 집을 향해 걷고 있었다. 무
작정 걷고 싶었다. 진하게 화장한 얼굴 위로 흘러내린 마스카라 자
국이 튀어서인지 힐끗힐끗 쳐다보는 사람들의 시선이 느껴졌다.

오로지 재즈 보컬리스트가 되고 싶다는 생각 하나만 가지고 달려
왔다. 그사이 대학 동기들은 취업을 해서 직장인이 되었거나 창업을
한 친구도 있었다.

'나도 취업할 수 있을까?'

마침 하늘을 올려다본 시선 안으로 밤하늘을 가로질러 날아가는
비행기 한 대가 들어왔다.

잔액 부족은 내 고민의 실체였다. 기본적인 삶조차 해결하지 못하
고서 꿈을 꾸는 자신이 허황된 사치품처럼 느껴졌다. 그렇다고 막상
취업을 하려니 어디서부터 어떻게 준비해야 할지 몰랐다. 나이 서른
에 반지하 방 월세도 겨우겨우 내고 있는 내가 한심했다.

"인생은 모르는 거예요. 자책하지 마세요. 존경받는 인생의 선배들은 한결같은 이야기를 합니다. <u>스스로를 믿으라고요.</u>
당신의 통장에서 잔고를 제외하면 무엇이 남습니까?
'아무것도'라고 말할 건가요? 정말 그럴까요?
당신의 경험은 절대 사라지지 않습니다. 당신이 가진 무수한 장점들을 생각해보세요. 잔고 외에 당신이 가진 것을 알아차리세요."

잠깐 생각 좀 하고 가겠습니다

# #9 냉정과 열정 사이

> Question
> Box

냉정과 열정 사이
당신의 자리는?

인간은 망각의 동물인 게 참 다행이다. 아무리 힘든 일도 시간이 지나면 잊히기 때문에 살아갈 수 있는 것일지도 모르겠다. 가끔 그 정류장을 지나갈 때면 그날의 기억은 잊고 싶었다.

대학 동기들과의 단체문자 방에 오랜만에 메시지가 떴다. 한 친구의 생일이 다음 주라 송년회 겸 한 번 모이자는 메시지였다.

졸업한 지 일 년밖에 안 지났는데 모두들 어엿한 사회인 차림이었다. 부모님이 사주신 외제차를 타고 온 동기도 있었다. 왠지 청바지에 운동화를 신고 온 내가 초라해 보였다. 사실 아침부터 옷장을 뒤져가며 신경 써서 입어보려 했지만 그런 내 꼴이 우스꽝스러워 평소 차림으로 나왔다. 반가운 마음에 선뜻 모임에 나오기는 했지만, 시간이 지날수록 자격지심인지 뭔지 모를 묘한 감정은 숨길 수가 없었다. 회사생활에 상사 뒷담화로 한참 시끄러운 그 상황을 공감하지 못하는 사람은 나뿐이었다. 마음이 불편해진 나는 조용히 그 자리를 빠져나왔다.

12월이라 공기가 찼다. 온통 크리스마스 분위기의 반짝이는 전구로 꾸며진 화려한 길에 서 있자니 더 초라해지는 것 같아 얼른 버스를 타고 시내를 벗어났다.

'취업할까? 정말?'

가난한 아티스트보다 그녀들의 세상에 소속되고 싶단 생각이 강하게 일었다.

잠깐 생각 좀 하고 가겠습니다

"지난 십 년을 되돌아보세요. 무언가를 꾸준히 해왔다는 것은 일의 동기가 순수하다는 것입니다.

사람은 돈 없이 살 수 없어요. 그러나 돈만으로 살 수 없는 것 또한 마찬가지입니다. 금전적 빈곤도 불행이지만, 마음의 빈곤도 불행합니다.

나이에 나를 맞추면 삶이 다급해집니다. 당신이 꼭 해야 할 일을 선택하시기 바랍니다."

잠깐 생각 좀 하고 가겠습니다

# #10 내가 정말 알아야 할 모든 것은 유치원에서 배웠다

지혜의 정의는
무엇인가요?

비트코인으로 떠들썩했던 2017년. 이십 대를 중심으로 투자 광풍이 불었다. 심지어 고등학생들까지 몰려든 코인 열풍에 대한민국이 후끈 달아올랐다. 블록체인 기술이야말로 4차 산업혁명의 선물이라는 사람이 있는가 하면, 전세자금까지 투자한 신혼부부도 있었다. 투자 과열이 심해지자 정부가 규제의 칼을 뽑아 들었고, 하루 사이 장은 급락했다. 원금 손실이 현실이 되자 투자자들 중에서 목숨을 끊는 비극까지 일어나게 되었다. 최근에서야 몸살을 앓던 시장이 회복할 기미를 보이고는 있으나 시장 상황이 좋지 않은 것은 여전하다.

이런 기사들을 보고 있으면 세상에 똑똑한 사람은 많아도 지혜로운 사람은 적다는 생각이 든다. 손바닥 안의 손익계산에는 능숙해도 전체를 조망하는 시각은 어둡다는 생각이 든다. 무엇이 됐건 사람들이 솔깃해하는 것이라면 우선 지르고 보는 사람들의 마음은 늘 조마조마하다.

작년 비트코인으로 돈을 벌었다는 지인을 만난 적이 있다. 그는 흥분한 나머지 자신의 투자 경험담을 책으로도 써볼 것이라고도 했다. 카페에서 두 시간 동안 꼼짝없이 붙들려 비트코인의 미래전망에 대한 강의를 들었다. 그는 잡다한 이론을 늘어놓으며 나를 설득하려 했다. 그러나 며칠 전 만난 지인의 얼굴은 전과 달리 몹시 우울해 보였다. 굳이 묻지 않아도 알 것 같았다.

사람이 몰리고 숫자가 치솟는다고 해서 답이 아니다. 모두가 몰려갈 때 생각 없이 무리에 휩쓸려서는 안 된다. 이십 대 청년들의 손실이 컸다는 소식에 속이 쓰렸다. 늘 주머니가 가벼운 그들에게는 얼마나 소중한 기회였겠는가. 하지만 투자에는 책임이 따른다. 그들이 누구를 원망할 수 있겠는가.

로버트 풀검이 쓴 《내가 정말 알아야 할 모든 것은 유치원에서 배웠다》라는 책의 제목처럼 사물의 이치는 매우 단순하고 기본적인 인식의 영역을 벗어나지 않는다. 무엇이 옳은가를 따져야 한다면 유치원생의 시각으로 바라보라 조언하고 싶다.

잠깐 생각 좀 하고 가겠습니다

"파리 잡는 끈끈이는 조금만 자세히 들여다 봐도 알 수가 있지만, 파리는 무리만 보고 달려듭니다. 맹목적으로 달려들면 이처럼 치명적인 실수를 하게 되지요.
혹시 여러분은 지금 그런 상황에 있지 않은지 자신을 되돌아봅시다."

# #11 나는 딴따라

바라는 대로
살고 있진 않은가요?

나는 학창시절 부모님의 속을 많이도 태웠었다. 고등학교에 진학을
하면서 춤을 추겠다고 친구들과 이리저리 몰려다니곤 했다. 야간자
율학습을 빠져가며 친구들과 모은 돈으로 무용학원까지 대관을 해
가며 연습에 몰입했고, 돈이 떨어지면 지하보도를 찾았다. 어두운 터
널 안 희미하게 빛나는 조명 아래에서 늦은 밤까지 춤을 추었다.

열정이 세대를 건너뛰면 민폐가 되는 모양이다. 어른들에게 난 일
탈한 청소년으로밖에 비춰지지 않았다. 그들은 내 삶을 강제하고
나를 제단하려 했다. 숨이 막혔다. 결국 난 어른들이 원하는 대로 살
았다.

어떤 면에서 보면 우리나라의 전통적 가치는 곧 순종이자 복종이

잠깐 생각 좀 하고 가겠습니다

다. 다수의 청춘들은 부모님의 말씀을 안 듣는다며, 선생님의 말씀을 안 듣는다며, 정해놓은 울타리 밖의 사람으로 치부한다. 일부 청소년들은 그 시기의 잠깐의 일탈이 20대와 30대까지도 이어진다. 그러고는 기성세대의 기준으로 실패한 인생이라 말한다.

한날은 곰곰이 생각을 해봤다. 부모님은 '정상적'인 삶을 원하셨다. 4년제 대학 졸업, 안정된 직장을. 그리고 보통의 여성과 결혼을 하여 여생을 사는 것이었다.

얼마 전 만난 친구가 이야기했다.

"요새 취업하기가 하늘의 별 따기야. 내가 생각했을 때 분명 나는 열심히 살아가고 있는 것 같은데 말이지. 남들이 한다는 스펙 쌓기에 집중을 했고 자원봉사활동도 열심히 했어. 하지만 번번이 취업의 문턱에서 낙방을 하곤 해. 어른들은 노력이 부족하다고만 해. 당신들의 시대가 더 힘들었다며 말이야. 정말로 노력이 부족했던 걸까?"

당신은 노력이 부족한 것이 아니다. 이미 노력과잉의 시대에 당신에게 필요한 것은 노력의 방향이 아닐까? 활시위를 당겨 활을 쏜다고 생각해보라. 지금 당신 앞에 보이는 것은 무엇인가. 목표물을 설정하기 위해서 당신이 먼저 해야 할 일은 지금 당신의 자리를 명확히 이해하는 것이다. 내가 누구인지에 대한 이해로부터 방향은 정해진다.

"인생은 방향입니다.
노력도, 열정도 방향이 정해진 후에
진정 빛을 발하게 되는 것이 아닐까요?"

잠깐 생각 좀 하고 가겠습니다

# #12 재능보다 지속

## 늘 시간에 쫓기는
## 이유는 무엇일까요?

요즘 책을 쓴다는 선배를 만났다. 내가 알기로는 문장력이 뛰어난 것도 아니었고 학창시절에도 평범한 학생이었다. 그의 첫 책이 나왔을 때도 놀랐지만, 사회생활과 병행하며 꾸준히 집필활동을 한다는 것 자체가 신기했다. 그는 벌써 다섯 번째 책을 준비하고 있다. 한 가지도 벅찬데, 일과 육아를 해가며 어떻게 책을 쓸 수 있었는지 궁금했다.

"도대체 비결이 뭐예요?"

잔뜩 기대를 해서인지 그의 대답은 실망스러웠다.

"지구력."

첫 번째 책을 쓰면서 그는 집 창고를 개조해 집필실을 만들었다.

새벽 5시 반에 일어나 글을 쓰기 위해 하루 일과를 분단위로 점검했다. 핸드폰을 들여다보는 시간, 담배 피우는 시간, TV를 보는 시간, 주중 회식, 친구모임을 일일이 열거해가며 시간을 조정하거나 집필에 우선될 수 없는 것들을 과감히 일상에서 삭제했다.

출근 전 한 시간씩 쓰기 시작한 것이 이젠 습관이 되었다. 하루 한 줄을 쓰더라도, 그는 정해진 시간 정해진 장소에 엉덩이를 붙이고 앉는다. 이렇게 6개월간 원고가 쌓이면 책 한 권 분량이 된다는 것이다.

책을 쓰기 시작하고 나서부터는 오히려 삶에 여유가 생겼다고 한다. 술자리를 줄이고 일찍 잠자리에 드는 것만으로도 아침이 가볍다는 선배의 말을 들으니 고개가 절로 끄덕여졌다.

평소 바쁘다는 말을 입에 달고 살면서도, 직장동료와 가족 어느 쪽에서도 좋은 소리를 듣지 못하는 나의 일상을 돌아보게 되었다. 빠르게 가는 것만이 빨리 도착하는 것이 아니었다. 가랑비에 옷 젖는다 하지 않았던가. 하루 한 시간이 쌓여 만들어내는 지속의 결과물은 그 자체로 존경심이 생긴다. 인생에서는 나만의 속도를 찾는 것이 중요하다. 자기 속도에 충실하다는 것은 곧 자신의 삶을 건강하게 유지하는 일이라는 것을 배웠다. 목적지까지 완주하고 싶다면 세상이 아닌 당신 자신의 속도로 달려가라.

잠깐 생각 좀 하고 가겠습니다

"작은 일을 이루는 습관을 들이세요. 아침 6시에 일어난다는 계획도 매일 이기는 습관을 통해 반복되면 당신은 보다 큰일을 할 수 있게 됩니다.

목표의 크기와 상관없이 성과를 내기 위해서 우리에게 필요한 것은 재능만이 아닙니다. 아무리 재능이 뛰어나도 지속할 힘이 없으면 어떤 일도 '내 것'이 될 수 없습니다. 일은 나에게 완벽히 체화될 때 온전히 내 것이 됩니다. 지속력이 재능을 능가합니다."

잠깐 생각 좀 하고 가겠습니다

# #13 창살 없는 감옥, 인정중독

타인의 인정을
받고 싶었던 적이 있나요?

어쩌면 우리 삶도 그렇지 않을까?

세상에는 나를 위협하는 것투성이다.

불 꺼진 방 안에서 숨죽여 울어도 괜찮다.

약해서가 아니다. 인간이라 그렇다.

－《자존감 수업》 중－

누구나 그럴 수 있다는 것을 처음 알았다. 나만 불 꺼진 방 안에서
숨죽여 울었던 것이라 생각했었다. 내 이야기인 줄 알고 흠칫 놀랐지
만, 인간이라 그렇단다.

　사람이기에 누구나 상처를 받고 실망하고 행복하고 사랑을 느낀

다. 이는 모두 관계 안에서 이루어지는 감정들이다. 이 관계 안에서 오로지 나를 지켜줄 수 있는 건 '나 자신'이다. 내가 나를 지켜줄 수 있는 힘. 그것이 자존감이다.

- ■ 기분 상할까 봐 거절 못한다
- ■ 내 행동에 대해 상대가 어떻게 반응할까 눈치를 본다
- ■ 사소한 말에 상처받는다
- ■ 물질적인 것으로 나의 존재감을 드러낸다
- ■ 친구의 SNS를 보고 내 모습에 좌절한다

이 중 몇 가지가 나의 이야기인가? 이 문항은 자존감이 낮은 사람에게 나타나는 증상이자 인생을 힘들게 하는 행동들이다. 여기서 중요한 것은 이 행동의 행위를 결정하는 주체가 '나'가 아닌 '타인'이라는 것이다. 상대에게 보여지는 모습, 상대의 반응에 나를 맞추려 하고 그들의 평가에 의존하는 행동들이다.

많은 현대인들이 '인정중독'을 앓고 있다. 누군가의 사랑과 인정을 받길 원하는 것은 아주 자연스러운 감정이다. 하지만 그것이 삶의 전부가 되어버릴 때 문제가 된다. 상대에게 인정받지 못하면 자신

잠깐 생각 좀 하고 가겠습니다

이 아무런 가치도 없는 존재로 느껴지고, 순식간에 기분이 곤두박질친다.

'타인에게 인정을 받을 때만 자신의 가치를 확인할 수 있는 심리 상태'로 정의되는 이 단어는 혼자 있는 것을 두려워하고, 열등과 수치심에 뒤덮여 있으며 비교를 통해 좌절하는 모습을 보여준다.

우리는 타인에게 지속적인 관심과 지지를 받고 그들의 관심 안에 살기를 바란다. 그래서 미움과 거절에 익숙해지지 못한다. 그들에게 필요한 존재가 되어 있을 때만 마음의 안정을 취할 수 있다. 그래야만 그들로부터 버려지지 않을 것이기 때문이다.

결론적으로 말하면, 내 인생의 주체는 '나'가 되어야 한다. 다른 사람의 좋은 평가를 받기 위해 나를 가꾸는 게 아니라 스스로를 더 사랑하고 인정하기 위해 나를 가꾸는 모습이 필요하다. 그러기 위해서 나 자신을 인정하자.

"당신은 괜찮은 사람입니다.
'괜찮아, 충분해, 다 그래'라는 말만으로도
자신감을 얻을 수 있습니다."

# 에필로그

지금까지 강연을 통해 만났던 청춘들의 이야기를 담았다. 얼굴을 마주하고 이야기하는 동안 그들의 이야기 속에 내가 있음을 알았다. 세월이 흘러도 이십 대를 살아가는 청춘의 고민에는 공통분모가 있는 모양이다.

"어릴 적 꿈이 뭐였니?"라고 물어보면 제대로 답하지 못하는 친구들이 많다. 질문이 실종된 시간을 걷다 보면 목적을 상실하게 되고, 타인의 시선을 지나치게 의식하다 보면 미래가 왜곡된다.

우리는 이십 대만을 살아가는 것이 아니기에 조금 더 깊은 시선이 필요하다. 우선은 나에 대한 이해가 필요하다. 나를 모른다는 것은 과녁 없는 곳으로 활시위를 당기는 것과 같다. 나는 세상의 방향이다. 백지에 점 하나가 찍힐 때 동서남북이 결정된다. 그 점 하나가 세

잠깐 생각 좀 하고 가겠습니다

상을 규정하는 핵심 콘텐츠인 것이다.

다음으로 사람에 대한 이해가 필요하다. 사람은 반드시 사람을 만나 성장한다. 성장도 좌절도 실패도 시련도 그 속에는 나를 제외한 누군가가 반드시 존재한다. 따라서 인간에 대한 이해가 없이는 우리의 미래는 불확실할 수밖에 없다.

마지막으로 일에 대한 이해가 필요하다. 인생에서 일이란 여러 의미를 포괄하고 있다. 살아있는 한 우리는 무슨 일이든 해야만 한다. 하루 중 최소 8시간은 법적 근로시간으로 정해져 있다. 일이 행복하지 못하다면 당신의 인생 중 3분의 1이 불행한 것이다. 살다 보면 행복한 일보다 행복하지 못한 일이 많다는 것을 알게 된다. 그런 사람은 분명 일하는 데 어려움을 느낄 경우가 많다.

인생은 균형이다. 무엇 하나에 치중해서 될 것이 아니라, 상호 균형감각을 맞춰가는 것이 무엇보다 중요하다. 나를 스쳐간 3,000명의 청년들이 남기고 간 '인생성장문답'을 통해 당신의 삶을 돌아보고 현재의 어려움을 슬기롭게 극복해나갈 수 있기를 기대한다. 나아가 더 나은 삶의 기초가 되는 데 있어 미약하나마 이 책이 힘이 된다면 더 바랄 것이 없겠다.

# 잠깐 생각 좀 하고 가겠습니다

**1판 1쇄 인쇄** 2018년 7월 1일
**1판 1쇄 발행** 2018년 7월 7일

**지은이** 노정아
**펴낸이** 김병은
**펴낸곳** ㈜프롬북스

**등록번호** 제313-2007-000021호
**등록일자** 2007.2.1.

**주소** 서울특별시 강서구 마곡중앙로 161-8 두산더랜드파크 A동 722호
**문의** 02-6989-8335
**팩스** 02-6989-8336
**전자우편** edit@frombooks.co.kr

**ISBN** 979-11-88167-17-3 03190
**정가** 13,000원